ATLAS
ARCHÄOLOGISCHER GELÄNDEDENKMÄLER
IN BADEN-WÜRTTEMBERG

REGIERUNGSPRÄSIDIUM STUTTGART – LANDESAMT FÜR DENKMALPFLEGE

ATLAS
ARCHÄOLOGISCHER GELÄNDEDENKMÄLER
IN BADEN-WÜRTTEMBERG

BAND 2 / HEFT 22

Diese Arbeit wurde
aus dem Schwerpunktprogramm für die Denkmalpflege
des Landes Baden-Württemberg finanziert.

2007

KOMMISSIONSVERLAG · KONRAD THEISS VERLAG · STUTTGART

REGIERUNGSPRÄSIDIUM STUTTGART – LANDESAMT FÜR DENKMALPFLEGE

CHRISTOPH MORRISSEY · DIETER MÜLLER

Vor- und frühgeschichtliche Befestigungen 22

Wallanlagen im Landkreis Sigmaringen

Die Altstadt und das Käpfle bei Beuron, der Bandfels bei Leibertingen, das Tiergärtle bei Inzigkofen-Vilsingen, die Hünaburg bei Krauchenwies-Bittelschieß und das Remser Holz bei Aach-Linz, Stadt Pfullendorf

2007

KOMMISSIONSVERLAG · KONRAD THEISS VERLAG · STUTTGART

HERAUSGEBER:
REGIERUNGSPRÄSIDIUM STUTTGART – LANDESAMT FÜR DENKMALPFLEGE,
BERLINER STRASSE 12, D 73728 ESSLINGEN AM NECKAR

Bibliografische Information Der Deutschen Bibliothek
Die Deutsche Bibliothek verzeichnet diese Publikation in der Deutschen Nationalbiografie;
detailierte bibliografische Daten sind im internet über „http://dmb.ddb.de" abrufbar.

Redaktion und Herstellung
Verlagsbüro Wais & Partner, Stuttgart

Produktion
Druckerei Ludwig Auer GmbH, Donauwörth

Printed in Germany · ISBN 978-3-8062-2107-7

Vorwort

Im vorliegenden Heft kann nun mit den sechs Wallanlagen bei Beuron (Altstadtfels und Käpfle), Leibertingen (Bandfels) und Inzigkofen-Vilsingen (Tiergärtle) – alle im oberen Donautal gelegen – sowie bei Krauchenwies-Bittelschieß (Hünaburg) und Aach-Linz (Remser Holz), Stadt Pfullendorf, ein weiterer Landkreis im Rahmen der Aufarbeitung vor- und frühgeschichtlicher Befestigungen für den Atlas archäologischer Geländedenkmäler in Baden-Württemberg vorgestellt werden. Nachdem bislang eher einzelne Anlagen im Vordergrund standen, gelang es nun, neben den Landkreisen Tübingen (2002 erschienen), Rottweil (2005 erschienen) und Heilbronn (2006) eine weitere kreisweite Erfassung und Darstellung dieser wichtigen Denkmälergruppe vorzulegen.

Eigenständigen Publikationen vorbehalten blieb aus verständlichen Gründen die Heuneburg bei Herbertingen-Hundersingen an der Donau, die bekannteste und sicher landesweit auch am besten erforschte Wehranlage des Landkreises. Hier sind gerade in den letzten Jahren weitere hochinteressante Ergebnisse zur Anlage selber wie auch ihrem Umfeld gelungen. Die momentanen Untersuchungen im Rahmen eines groß angelegten Forschungsprogrammes der Deutschen Forschungsgemeinschaft durch das Landesamt für Denkmalpflege sowie die Universität Tübingen werden uns noch länger beschäftigen.

Die Fragen nach Funktion und Zeitstellung der hier vorgestellten Wallanlagen konnten im Zuge der prospektiven und auswertenden Bearbeitung naturgemäß nicht abschließend beantwortet werden. Das richtungsweisende Verfahren im „Atlas" zeigt jedoch die Möglichkeiten klar auf, bei fortschreitender Bearbeitung – ergänzt vielleicht durch punktuell notwendig gewordene archäologische Sondagen – zu weiter reichenden Ergebnissen kommen zu können.

Die hier vorgelegte Bearbeitung hat neben anderen Gesichtspunkten nun auch verstärkt Aspekte regionaler Eigenheiten der vorgeschichtlichen Besiedlung und Anpassung an die naturräumlich vorgegebenen Bedingungen angeschnitten. So ist etwa bei den vier Anlagen im oberen Donautal, einer seit vielen Jahrzehnten in Teilaspekten intensiv erforschten Landschaft mit beinahe alpinen Zügen, ein Zusammenhang mit der hier in landesweit einzigartiger Dichte und Ausprägung hervortretenden Nutzung von Höhlen und hoch aufragenden Felsköpfen nicht zu verkennen. Wir hoffen, dass diese Überlegungen durch Erkenntnisse aus der von der Denkmalpflege am Regierungspräsidium Tübingen in die Wege geleiteten Aufarbeitung zahlreicher privater Aufsammlungen aus dem oberen Donautal in absehbarer Zeit einmal ergänzt werden können.

Die Problematik der Abgrenzung gegen den frühen Burgenbau des Hochmittelalters stellte sich bei der Hünaburg nahe Bittelschieß, wozu etwa schon im Landkreis Heilbronn mit den Anlagen am Heuchelberg wertvolle Einsichten gewonnen werden konnten. Ähnlichkeiten im formalen Aufbau lassen den Gedanken an eine erste grobe Typologie früher Burgen im hiesigen Raum aufkommen, die freilich bislang kaum mehr als ein im Einzelfall stets zu hinterfragendes Hilfsgerüst sein kann.

Von 1980 bis 1994 konnte der „Atlas" mit Sondermitteln des Landes im Rahmen des 1979 beschlossenen Schwerpunktprogramms für die Denkmalpflege erarbeitet werden, einer Tätigkeit, der wir viele der hier nun ausgearbeiteten Planaufnahmen verdanken. Die Fortführung der Arbeiten ist nunmehr im Rahmen der allgemeinen Dienstgeschäfte möglich. Den Autoren Dr. Christoph Morrissey und Dipl.-Ing. (FH) Dieter Müller (Landesamt für Denkmalpflege) sei für die gründliche und aufwendige Arbeit herzlich gedankt.

Die Beteiligung und Unterstützung involvierter Behörden, Institutionen und Privatpersonen erleichterte auch diesmal wieder die vorgenommenen Arbeiten. Zu danken haben wir insbesondere der Kreisverwaltung des Landkreises Sigmaringen mit dem Fachbereich Vermessung (Herr Diesch), dem Fachbereich Kultur und Archiv (Herr Dr. Weber und Frau Vielstich M. A.) sowie dem Fachbereich Forst (Herr Kopp), aber auch der Fürstlich Hohenzollernschen Hofkammer – Abteilung Forst – (Herr Friedrichs), der Hofkammer des Hauses Württemberg – Geschäftsbereich Forst – (Herr Rupf), der Forstverwaltung Graf Douglas Prinz zu Fürstenberg (Herr Schilling) sowie den beteiligten Gemeinden.

Mit Hinweisen und Informationen versorgten uns dankenswerterweise die Geschäftsführung des Naturparks Obere Donau (Herr Schneck), das Staatsarchiv Sigmaringen (Herr Dr. Becker) und das Stadtarchiv Überlingen – Spitalstiftung – (Herr Dr. Liener). Von privater Seite unterstützten uns besonders die Herren Werner Simon, Achim Lehmkuhl, Uwe Frank, Helmut Söllner, Pater Notker Hiegel und Bruder Wolfgang Keller (Kloster Beuron).

Für kollegiale Hilfe und praktische Unterstützung in vielerlei Belangen geht ein herzlicher Dank auch an die Herren Prof. Dr. Hartmann Reim und Dr. Rainer Kreutle vom Referat Denkmalpflege am Regierungspräsidium Tübingen.

An der topographischen Aufnahme der Objekte waren die Herren Harald Bauer, Frank Bubeck, Joachim Fink, Andreas Ipowitz, Rainer Kießling, Wolfgang Strobel und Gerhard Würl sowie 1994 mit Nachmessungen Dieter Müller und F. Bubeck beteiligt. Leitung und Betreuung oblagen D. Müller, Landesamt für Denkmalpflege. Die Reinzeichnung der Pläne verdanken wir Frau Evi Weller, Herrn Gerd Michael Horn, die Plandarstellung und Umsetzung der Profile erfolgte durch das geoGraphische Büro Günter Müller, Waldbronn; die Felszeichnungen führte F. Bubeck durch. Redaktion und Herstellung des Heftes lagen einmal mehr in der verlässlichen Obhut des Verlagsbüros Wais & Partner, Stuttgart. Allen Genannten sei an dieser Stelle für ihre Mitarbeit nochmals herzlich gedankt.

Nicht zuletzt aufgrund des vor Ort erfahrenen Interesses möchte das Landesamt für Denkmalpflege nach Maßgabe der finanziellen Mittel die Weiterführung des „Atlas archäologischer Geländedenkmäler“ gewährleisten. Dem fernen Ziel eines vollständigen Inventars der vor- und frühgeschichtlichen Befestigungen Baden-Württembergs sind wir mit der Herausgabe des vorliegenden, kreisweiten Heftes wieder einen Schritt näher gerückt, getragen von der Überzeugung, unter denkmalpflegerischen Aspekten hiermit eine für die archäologische wie auch landeskundliche Forschung Baden-Württemberg besonders wichtige Gruppe von Geländedenkmälern vorzustellen.

Wir wünschen der Veröffentlichung eine gute Aufnahme vor Ort wie auch bei allen landesgeschichtlich und archäologisch Interessierten.

Esslingen am Neckar, im Oktober 2006 *Jörg Biel*

Inhalt

Einführung

Im Zuge der Aufarbeitung der sechs bekannten vor- und frühgeschichtlichen Anlagen im Landkreis Sigmaringen wurden auch weitere Plätze aufgesucht und erfasst, die – vornehmlich in der Orts- und Regionalliteratur sowie der örtlichen Überlieferung – immer wieder als vormittelalterliche Wehranlagen bezeichnet wurden. Bei keinem der Orte ließ sich der Verdacht bestätigen, wenngleich teils ungewöhnliche Geländeformen durchaus berechtigtes Interesse erregt hatten. Es scheint nun angebracht, diese Plätze kurz vorzustellen, auch um die in diesem Punkte gewonnenen Einsichten der regionalen und landeskundlichen Forschung nicht vorzuenthalten.

Zuerst sei jedoch ein kurzer Seitenblick auf die Heuneburg an der Donau geworfen, deren komplexer Geschichte gerecht zu werden Ziel der seit vielen Jahrzehnten durchgeführten archäologischen Forschungen und der daraus resultieren Publikationen ist. Ausgangspunkt dieser Forschungen war die Entdeckung überaus reich ausgestatteter Gräber der späten Hallstattzeit in den umliegenden großen Grabhügeln, bevor in den 1950er Jahren die Untersuchungen an der Heuneburg selber begannen.[1] Ohne hier auf die Ergebnisse eingehen zu wollen, sei doch zum einen das wiederholte Aufsuchen dieses über der Donau gelegenen Hügels betont, der schon in der Bronzezeit und insbesondere in der Hallstattzeit befestigte Siedlungen trug. Zum anderen gelang es gerade in den letzten Jahren mit zum Teil überraschenden Ergebnissen auch den Fragen zum Umfeld und zur Genese dieses zentralen Platzes nachzugehen. Die Heuneburg jedoch ist ohne Zweifel im Alpenvorland einzigartig, Vergleiche mit den in diesem Heft vorgestellten Wallanlagen bieten sich nicht an.[2]

Auf dem Amalienfels, unmittelbar an der Donau bei Inzigkofen gelegen, wird ein kleines Felsplateau an der Spitze des freistehenden Bergrückens durch einen breiten Sohlgraben mit innen liegendem, möglicherweise angeschnittenem Wallrest abgegrenzt. Zahlreiche vorgeschichtliche Funde sind zwar von hier oben bekannt, der Graben in seiner jetzigen Form und Ausprägung ist jedoch erst im Mittelalter vorstellbar.[3] Funktion und Zeitstellung dieser Befestigung sind ungeklärt, für eine Burgstelle spricht wenig. Anscheinend wurde zumindest die Grabenaußenseite auch noch in jüngster Zeit abgegraben, ohne dass Näheres über Zeitpunkt und Verursacher bekannt wäre.

Auf dem Ennetacher Berg bei Mengen-Ennetach haben archäologische Untersuchungen der letzten Jahre überraschend neben frührömischen Kastellanlagen und einer wahrscheinlich ebenfalls zusätzlich geschützten, frühkeltischen Höhensiedlung auch eine Abschnittsbefestigung nachgewiesen, die in die späte Bronzezeit zu datieren ist. Oberirdisch war jedoch auf der im Mündungswinkel von Ablach und Donau in die weite Talsenke vorspringenden Bergspitze von allen Wehranlagen, insbesondere wohl durch die langjährige Beackerung, nichts mehr erhalten.[4]

An einem landschaftlich markanten Durchbruch der Lauchert durch einen Felsriegel lag auf dem vorderen Felsplateau – heute gekennzeichnet durch eine 1696 erbaute Kapelle – die wohl um 1150 gegründete Burganlage Bittelschieß. Vom Areal der mittelalterlichen Adelsburg liegen Keramikfunde vor, die ein Aufsuchen der gut geschützten Felshöhe in der späten Frühbronzezeit (17./16. Jh. v. Chr.) belegen.[5] Der schon von Natur aus abgesetzte Felsenrücken hat über einen schmalen, von Burggräben geschützten Sattel nach Nordosten Anschluss an die Hochfläche. Hier ist eine größere Fläche durch einen abgewinkelten Wall, Höhe bis 2,5 m, gesichert, der über weite Strecken keinen eigentlichen Graben aufweist. Der Boden im Areal ist auffällig dunkel-humos bis lehmig. Die vereinzelt schon als vorgeschichtlich angesehene Befestigung könnte als Vorburg gedient haben, ist aber aufgrund von Neufunden (C. Bizer) eher in das 11. Jahrhundert zu datieren.[6]

Wenige vorgeschichtliche Funde sind auch aus dem Areal der mittelalterlichen Adelsburg Pfannenstiel nahe Beuron bekannt geworden, Anhaltspunkte für vormittelalterliche Befestigungen sind hier jedoch nicht vorhanden.[7]

1 W. Kimmig, Die Heuneburg an der Oberen Donau. Führer Arch. Denkmäler Baden-Württemberg 1^2 (Stuttgart 1983).

2 J. Bofinger/S. Kurz, Arch. Ausgr. Baden-Württemberg 2005, 73 ff. mit älterer Literatur.

3 Biel, Höhensiedlungen 285 ff. mit älterer Literatur. – Fundber. Baden-Württemberg 19/2, 1994, 14 f. Abb. 11.

4 H. Reim, Vorgeschichtliche Höhensiedlungen und frührömische Kastelle auf dem „Berg" bei Ennetach, Stadt Mengen, Kreis Sigmaringen. Arch. Ausgr. Baden-Württemberg 2005, 114 ff. (mit älterer Literatur).

5 J. Krumland, Die bronzezeitliche Siedlungskeramik zwischen Elsaß und Böhmen. Int. Arch. 49 (Rahden 1998) 130.

6 Bizer/Götz, Vergessene Burgen 89 f. – Schmitt, Burgen Donautal 17 ff.

7 Schmitt, Burgen Donautal 281 ff. mit älterer Literatur.

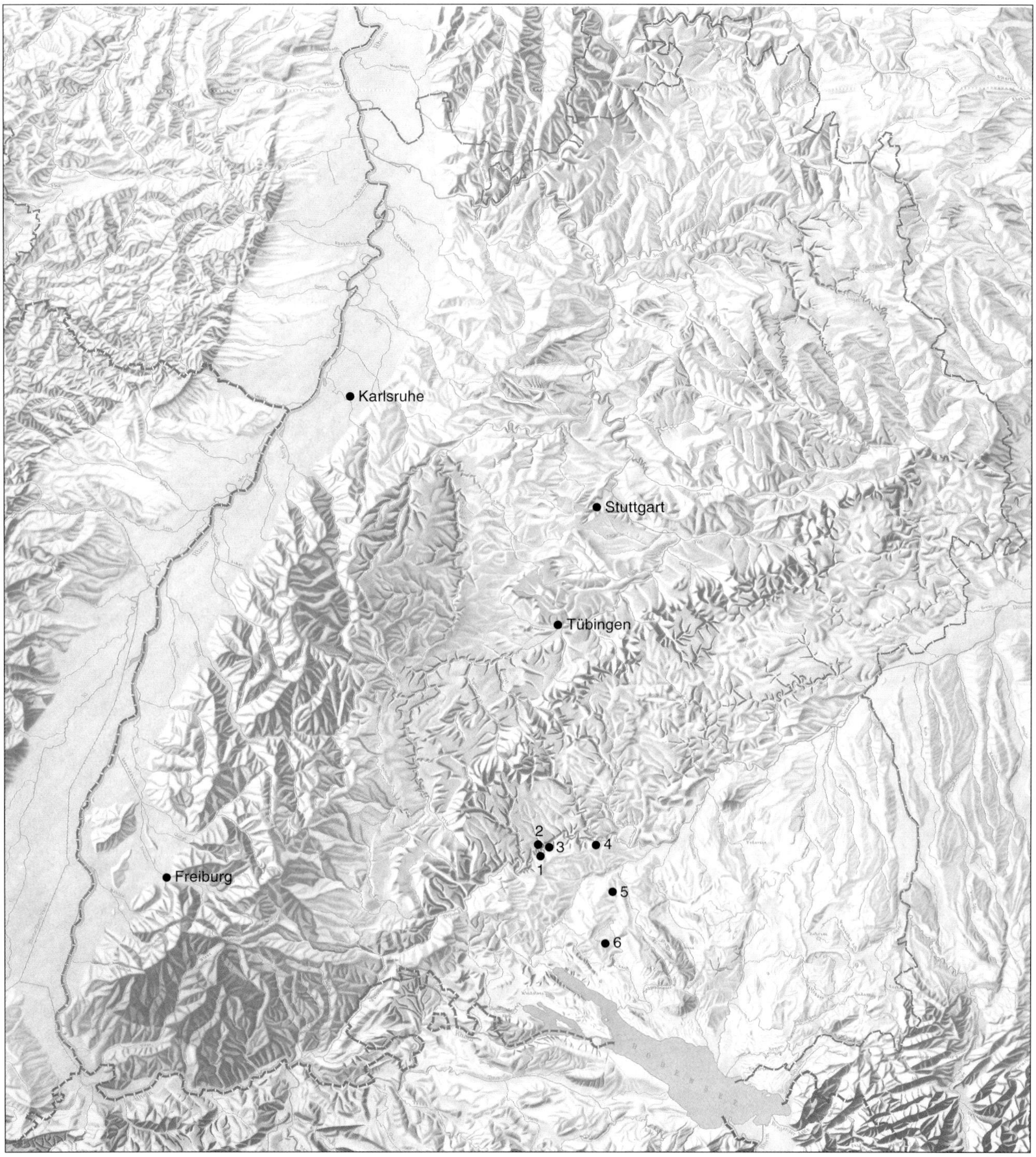

Lage der Wallanlagen bei Beuron (1 Altstadtfels, 2 Käpfle), Leibertingen (3 Bandfels), Inzigkofen-Vilsingen (4 Tiergärtle), Krauchenwies-Bittelschieß (5 Hünaburg) und Aach-Linz, Stadt Pfullendorf (6 Remser Holz). Kartengrundlage: Unmaßstäbliche Verkleinerung der Reliefkarte Baden-Württemberg 1: 600000. © Landesvermessungsamt Baden-Württemberg (http://www.lv-bw.de) vom 29.11.2001, Az.: 2851.3-A/218, thematisch ergänzt durch das Landesamt für Denkmalpflege.

Auf dem Kappenbühl zwischen Sigmaringen und Sigmaringendorf vermutete schon der Hohenzollerische Hofrat Karl Theodor Zingeler 1894 eine „Volksburg" mit bis zu sieben Wallgräben,[8] Johann Adam Kraus erwähnt 1969 einen vier- bis sechsfachen Ringwall.[9] Die auf der bewaldeten Bergkuppe anzutreffenden, weitgehend konzentrischen Terrassen mit unterschiedlich hohen Böschungen, teils auch Überschneidungen, sind jedoch zweifellos auf alten, schon im 19. Jahrhundert wieder aufgegebenen Ackerbau zurückzuführen.[10] Bei Pfullendorf-Mottschieß schließlich soll nach Johann Adam Kraus südlich des Dorfes eine frühgeschichtliche Volksburg mit langen Wällen und Gräben liegen.[11] Weder im Gelände noch in den Akten der Denkmalpflege fand sich jedoch eine Bestätigung hierfür. Nordwestlich von Unterschmeien (Stadt Sigmaringen) liegt in einer Flussschlinge der Schmeie die auf drei Seiten steil aufragende Bergkuppe „Burgstall". Am schmalen Ansatz zur Anhöhe (Sattel) von Osten her, zwischen den sich aufgabelnden Wegen, ist eine flache, grabenartige Mulde vorhanden, darüber zur knapp 2 ha großen Innenfläche hin eine um 3 m hohe, steile Böschung mit aufliegendem Steinriegel. An der Westseite des Bergrückens ist entlang der Hangkante ein flacher Steinwall mit etwa 3 m hoher talwärtiger Böschung vorhanden, darunter eine teils schmale Verebnung. Beides könnten Spuren einer ehemaligen Befestigung sein, diese sind jedoch nicht sicher zu deuten. Weiterhin begrenzen auf längere Strecken Steinriegel die Innenfläche, die bei früherem Ackerbau aufgehäuft worden sind. Der bewaldete, felsige Gipfel zeigt wohl ältere Grabungslöcher und andere Störungen. Insgesamt findet sich aber im ganzen Gelände sonst kein Hinweis auf eine befestigte Siedlung oder eine mittelalterliche Burg. Peters führt zwar 1939 an, er habe „jungsteinzeitliche Fundplätze auf dem Amalienfels und dem Burgstall untersucht". Über etwaige Ergebnisse oder ältere Funde ist allerdings nichts bekannt. Nach neuen Erkenntnissen lag auch die Burg des mehrfach urkundlich genannten Ortsadels eher in der Höhlenburg Schmeien zwischen Unter- und Oberschmeien, wenig bachaufwärts des Burgstalls, an der östlichen Talseite.[12]

Zuletzt sei auf die in jeder Hinsicht ungewöhnlichen und merkwürdigen Wall-Graben-Anlagen auf dem nördlichen Ende des Hochbergs südöstlich von Bad Saulgau verwiesen – als „Altes Schloss" bezeichnet. Nach älterer örtlicher Überlieferung wurden sie als Reste eines Schlosses angesehen, zwischenzeitlich jedoch eher als teilweise abgetragene Umfassung einer befestigten Siedlung der Hallstattzeit gedeutet.[13] Die Anlage liegt in aussichtsreicher Lage auf einer Endmoräne, etwa 50 hoch über der weiten Schwarzachsenke. Zum einen ist die Bergspitze mit einem annähernd halbrunden, flachen Wallgraben umgrenzt, der jedoch keinen Abschluss hat. Zur Hochfläche hin folgt ein gerades Stück mit innen liegendem, steilwandigem Graben und recht hohem Wall. Auch hier fehlt ein Abschluss im Hang, durch den innen liegenden Graben kann der Schutz der Bergspitze nicht deren Zweck gewesen sein. Beide Anlagen wirken abgeschlossen, Hinweise auf spätere Abtragungen gibt es nicht. Trotz weniger jüngst geborgener Keramikscherben wohl der jüngeren Urnenfelder- und der Hallstattzeit vom Areal der Bergspitze – offenbar Hinweise auf eine Höhensiedlung dieser Zeit – handelt es sich dem ersten Eindruck zufolge um Anlagen, die erst im späten Mittelalter oder in der Neuzeit erbaut worden sind, möglicherweise in einem der neuzeitlichen Erbfolgekriege des späten 17. und frühen 18. Jahrhunderts. Eine Funktion – etwa ein Truppenlager oder eine Durchgangssperre – ist derzeit aber nicht zu erkennen.

8 Zingeler, Forschung 22 f.
9 Kraus, Burgställe 10.
10 So auch Biel, Höhensiedlungen 317.
11 Kraus, Burgställe 8. – Vgl. auch Stehle, Hohenzollern 436 f.
12 Heine, Wehranlagen 96, Nr. 163. – Schmitt, Burgen Donautal 81 ff. mit älterer Literatur.
13 Beschreibung des Oberamts Saulgau. Hrsg. v. Königl. Statist.-Topograph. Bureau (Stuttgart 1829) 21. – H. Willbold, Das Rätsel auf dem Schlossberg. Saulgauer Hefte zur Stadtgeschichte und Heimatkde. 11, 1993, 11 ff. – Für hilfreiche Hinweise sei Stadtarchivar Herrn Hermann Brendle, Bad Saulgau, herzlich gedankt.

Die Wallanlagen bei Beuron, Leibertingen und Inzigkofen-Vilsingen

Naturraum

Bis zu 200 m tief eingeschnitten durchbricht die Donau von Geisingen bis Inzigkofen auf annähernd 60 km Länge den südwestlichen Teil der Schwäbischen Alb in westöstlicher Richtung. Besonders malerisch ist der knapp 25 km lange Talabschnitt zwischen Fridingen und Inzigkofen, die Kernlandschaft des oberen Donautals. In mehreren Schritten tiefte sich hier die Donau nach dem Rückzug des tertiären Molassemeeres (vor etwa 15 Millionen Jahren) mit einer teils canyonartigen Schlucht in das Kalksteingebirge ein (Abb. 1 und 2).
Die Hochflächen beiderseits des Tales liegen nach Südosten hin abnehmend um 850 bis gut 700 m ü. NN, die Talsohle um 620 (Fridingen) bis 575 ü. NN (Inzigkofen). Es schließen nördlich zwischen Bära im Westen und Schmeie im Osten die flachwelligen und verkarsteten Höhen des östlichen Heuberges mit dem südlichen Hardtrand an, gegen Norden die westliche Flächenalb und die Hegau-Alb. Überwiegen im Norden bewaldete Höhen und flache, weitläufige Senken bei sanftem Relief, sind im Süden ebenfalls bewaldete Höhenrücken und flache, oft trocken gefallene Talzüge bestimmend. In beiden Landschaften gruppieren sich das Ackerland und die wenigen mittelalterlichen Siedlungen vorwiegend an Senken.[14]
Ist der Donaudurchbruch von der Baar her bis etwa Mühlheim/Fridingen noch recht breit – als Tuttlinger Talweitung bezeichnet –, treten flussabwärts die felsigen Talkanten bis Inzigkofen – oberes Donau-Felsental genannt – merklich näher zusammen und bilden, mehrfach bis an den Fluss heranreichend, teils nur schwer passierbare Engstellen. Die Felsen bestehen zumeist aus verschwammten, oft ungeschichteten Massenkalken (Riffkalke) des Oberen Weißjuras (Weißjura Delta und Zeta), in unteren Bereichen auch aus verschwammten Kalken des Unteren Weißjuras (Weißjura Beta). Hohe Felswände, Terrassen, Vorsprünge, Schutthalden und Kerbtäler wie auch Felsnadeln, Höhlen und Überhänge gliedern die steilen Hänge beiderseits. In die Felswände bisweilen gut sichtbar eingeschaltet sind unterschiedlich breite und ausgewaschene Bänder aus Glaukonitbänken, so etwa namengebend am Bandfels bei Leibertingen.
Über etwa 20 km hinweg bietet die in Schlingen verlaufende, oft nur um 100 m breite Talsohle für Siedlungen und Verkehrswege wenig Platz, weist jedoch etliche Weitungen auf. Erst nach Passieren der engsten Stelle, am Amalienfels bei Inzigkofen, verbreitert sich das Tal um Laiz merklich und durchbricht bei Sigmaringen – abgesehen einmal von der Engstelle bei Scheer – die letzte große Felsbarriere, die sich hier scheinbar regelrecht ins Tal hineingeschoben hat.[15]
Nur wenige Seitentäler gliedern die Randhöhen. Von Süden her sind es zahlreiche kurze, schluchtartig eingegrabene Wasserläufe. Von Norden her – zwischen den großen Tälern der Bära bei Fridingen und der Schmeie nahe Dietfurt, die zugleich Anfang und Ende der Donau-Engstrecke markieren – ebenfalls nur einige kleinere, oft trocken gefallene Kerbtäler. Bei Niedrigwasser verliert der Fluss besonders zwischen Immendingen und Möhringen – zwischenzeitlich allerdings durch einen Stollen teils umgeleitet – sein ganzes Wasser an den Rhein und erreicht erst bei Scheer wieder den Wasserstand von Donaueschingen. Durch Klüfte im Kalkgestein tritt es vor allem an der etwa 170 m tiefer gelegenen Aachquelle bei Aach im Hegau wieder aus.
Der im Vergleich zur heutigen Wasserführung überdimensioniert erscheinende Talzug besaß einst einen wesentlich größeren Einzugsraum. Die so genannte Feldberg-Donau ging erst vor etwa 80 000 Jahren über die heutige Wutach – im Taleinbruch bei Blumberg – zum Rhein hin verloren, Millionen Jahre zuvor schon die Aare (Ur-Donau). Aus dem Schwarzwaldvorland kam einst die Ur-Eschach über das heutige Spaichinger Tal bei Tuttlingen hinzu, die heute zum Neckar entwäs-

14 F. Huttenlocher, Die landschaftliche Feingliederung von Württemberg-Hohenzollern. Mit Karten der naturräumlichen Gliederung 1:350 000. In: Württemberg-Hohenzollern in Zahlen 2 (Tübingen 1948) 8 ff. – Huttenlocher (Bearb.), Die naturräumlichen Einheiten auf Blatt 178 Sigmaringen. Geogr. Landesaufnahme 1:200 000. Naturräuml. Gliederung Deutschlands. Hrsg. Bundesanstalt Landeskde. (Remagen 1959) 21 f. – A. G. Benzing, Die naturräumlichen Einheiten auf Blatt 186 Konstanz. Geogr. Landesaufnahme 1:200 000. Naturräuml. Gliederung Deutschlands. Hrsg. Bundesforschungsanstalt Landeskde. u. Raumforsch. (Bonn-Bad Godesberg 1964) 25 f. – H. Dongus, Die Oberflächenformen der Schwäbischen Alb und ihres Vorlandes. Marburger Geogr. Schr. 72 (Marburg/Lahn 1977) 255 ff.

15 Geologische Karte 1:100 000 Blatt C 7918 Albstadt. Hrsg. Geol. Landesamt Baden-Württemberg (Stuttgart 1976). – O. F. Geyer/M. P. Gwinner, Die Schwäbische Alb und ihr Vorland. Slg. Geol. Führer 67 (Stuttgart 1984) bes. 137 ff. – G. Haffner, Die Geologie des Blattes Nendingen (Nr. 7919) 1:25 000 (Schwäbische Alb). Arb. Geol. Paläont. Inst. Univ. Stuttgart N. F. 58 (Stuttgart 1969).

sert.[16] Alte Donautalschlingen – so etwa um den Mittelberg bei Thiergarten – sowie Gerölle auf den Höhenrücken zeugen von früheren Flussläufen. Die heutige Talsohle ist vielfach aufgeschottert, zeigt aufgelassene Schlingen und Engstellen und wird nur in dafür günstigen, aufgeweiteten Abschnitten landwirtschaftlich genutzt.

Die natürliche Vegetation besteht aus Kleebwald in den seitlichen Schluchten, Trockenheiden mit Kiefern und Weißbuchen auf den Felsköpfen und Steilhängen, auf den Hochflächen über humusreichen Kalkschuttböden hallenartige Rotbuchenwälder (Platterbsen-Buchen-Wald). Vielfach haben jedoch Fichtenwälder als Aufforstungen alter Landwirtschaftsflächen sowie Neupflanzungen die Buchenwälder ersetzt, in den letzten Jahren wird jedoch vermehrt auf Laubholz und Naturverjüngung zurückgegriffen.

Klimatisch weist das obere Donautal mitsamt der Schwäbischen Alb Jahresniederschläge um 750 bis 800 mm auf, die Temperatur beträgt im Jahresmittel 7°. Die Böden bestehen in erosionsgefährdeten Lagen über dem anstehenden Fels zumeist aus einem nur wenige Zentimeter mächtigen, von Steinschutt durchsetzten Waldhumus (Proto- oder mullartige Rendzina), in günstigeren Lagen und auf den umliegenden Hochflächen konnten sich flach- bis mittelgründige Humusböden und hellbraune Kalksteinbraunlehme entwickeln.[17]

Eisenhaltige Bohnerze finden sich auf den Hochflächen entlang der oberen Donau in tertiären Verwitterungslehmen. Ihr Abbau ist insbesondere für die frühe Neuzeit – so etwa im Raum Engelwies – belegt und wurde erst um die Mitte des 19. Jahrhunderts eingestellt.[18] Über Nutzungen in vor- und frühgeschichtlicher Zeit

16 W. Paul, Zur Fluß- und Landschaftsgeschichte der oberen Donau und der Baar. Schr. Ver. Gesch. u. Naturgesch. Baar 28, 1970, 153 ff. – R. Hantke, Flußgeschichte Mitteleuropas: Skizzen zu einer Erd-, Vegetations- und Klimageschichte der letzten 40 Millionen Jahre (Stuttgart 1993) 224 ff.

17 S. Müller, Bodenentwicklung aus verkarsteten Weißjurakalken in der mittleren Schwäbischen Alb. Jahrb. Karst- u. Höhlenkde. 32/4, 1963, 45 ff. – Ders., Typische Waldbodenprofile der Schwäbischen Alb. Mitt. Ver. Forstl. Standortskde. u. Forstpflanzenzüchtung 12, 1962, 90 ff.

18 M. Beck, Inzigkofen. Kurzchronik mit Bildern aus Inzigkofen, Vilsingen und Engelswies (Horb 1988) 166.

Abb. 1 Blick nach Osten auf das Donautal zwischen Beuron (unten) und Hausen. Im Mittelgrund springt der recht breite Altstadtfels nach links hervor, dahinter in einer weiten Talschleife das kegelförmige Käpfle, darüber am rechten Talrand der Bandfels. Unmittelbar davor sind die Gebäude der Burg Wildenstein an der Talkante zu erkennen. Luftbildaufnahme O. Braasch vom 25.02.1986.

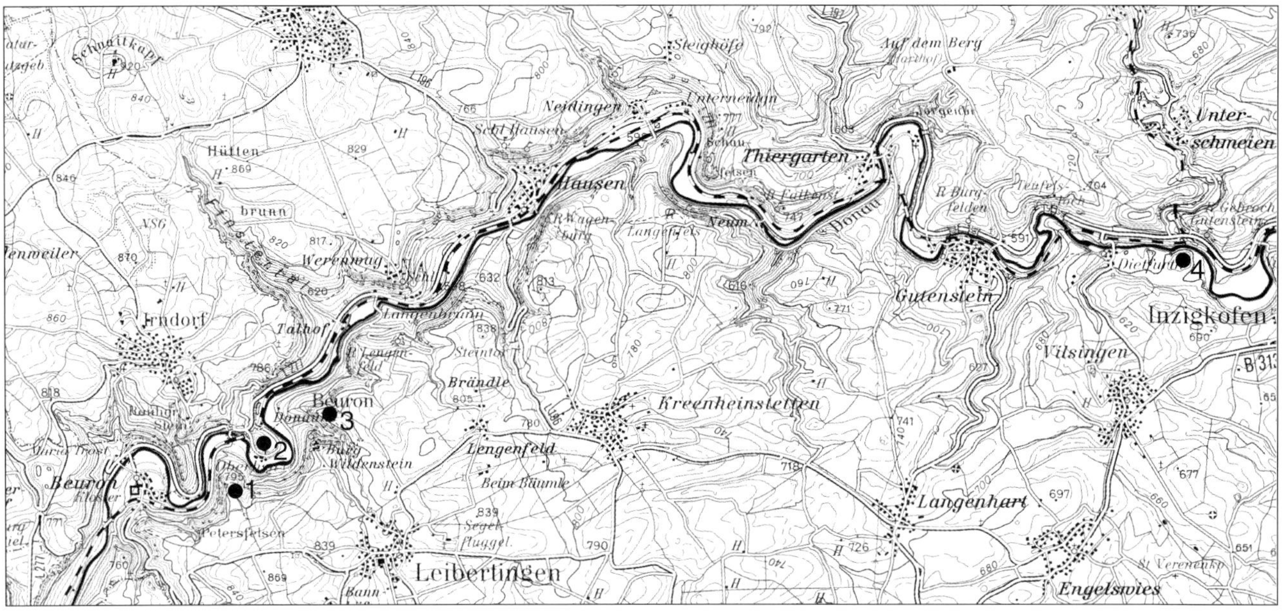

Abb. 2 Das obere Donautal zwischen Beuron und Inzigkofen mit den Wallanlagen auf dem Altstadtfels (1), dem Käpfle (2), dem Bandfels (3) und dem Tiergärtle/Reiherhalde (4). Ausschnitt aus der Topographischen Karte 1:100000.

liegen nur Vermutungen vor.[19] Wirtschaftlich spielte vornehmlich der Abbau erzhaltiger Schichten des Braunjuras auf der Baar-Alb um Geisingen und ihre Verarbeitung in großen Hammerwerken bei Ippingen, im Bärental und in Ludwigsthal bei Tuttlingen noch in der frühen Neuzeit eine größere Rolle.[20] Von 1670 bis 1863 bestand aber auch in Thiergarten ein Fürstenbergisches Hammerwerk, das jedoch zuvorderst den Holzreichtum der Landschaft nutzte.[21]

Als weitere Eigenheit des Naturraums sind zahlreiche Höhlen zu nennen, im Donautal selber und seinen kurzen Seitentälern insgesamt annähernd 600,[22] die in den Felswänden teils geräumige und zugängliche, teils kleine und kaum erreichbare Hohlräume, Spalten oder Überhänge geringen Ausmaßes bilden. Sie wurden schon in der Alt- und Mittelsteinzeit immer wieder aufgesucht und haben mit Probst-, Buttental- und Jägerhaushöhle nahe Fridingen, der Burghöhle bei Dietfurt und dem Zigeunerfels nahe Sigmaringen forschungsgeschichtlich bedeutende Fundkomplexe erbracht.[23] Unter den jüngeren Epochen sind insbesondere die Urnenfelderzeit und die späte Latènezeit vertreten.[24] Zuletzt wurden im späten Mittelalter einige der Höhlen zum Einbau von burgenähnlichen Wohnsitzen genutzt.[25]

Die vor- und frühgeschichtliche Besiedlung des oberen Donautales[26] – sofern der Begriff Besiedlung hier zutrifft – weist Eigenheiten auf, die zum einen die angeführten Höhlennutzung betreffen, zum anderen die zahlreichen vorgeschichtlichen Funde auf und an exponierten Felsgruppen. Insbesondere die jüngere Urnenfelderzeit wie auch die spätere Latènezeit sind zwi-

19 J. Eichler, Mineralogische und geologische Untersuchungen von Bohnerzen in Baden-Württemberg, besonders der Vorkommen bei Liptingen, Kreis Stockach. Neues Jahrb. Mineralogie 97, 1961, 57ff. – W. Hahn, Die Geologie des Blattes Leibertingen (Nr. 7920) 1:25000 (Schwäbische Alb). Arb. Geol.-Paläontol. Inst. Technische Hochschule Stuttgart 31 (Stuttgart 1962) 34. – Stehle, Hohenzollern 17f.

20 F. Kirchheimer, Bergbau und Hüttenwesen in der Baar. In: K. Sauer (Hrsg.), Die Baar in naturkundlicher und historischer Sicht. Schr. Lkr. Donaueschingen 8 (Donaueschingen 1956).

21 J. Barth, Geschichte des Fürstlich-Fürstenbergischen Hüttenwerks Thiergarten (Sigmaringen 1858).

22 Die Angabe der bis Ende 2005 erfassten Höhlen wird A. Lehmkuhl, Bempflingen, und W. Simon, Inzigkofen, verdankt.

23 E. Peters, Das Mesolithikum an der Oberen Donau. Germania 18, 1934, 81ff. – W. Taute (Hrsg.), Das Mesolithikum in Südwestdeutschland. Teil 2: Naturwiss. Untersuchungen. Tübinger Monogr. Urgesch. 5/2 (Tübingen 1980). – Zuletzt etwa J. Hahn, Die Buttentalhöhle – Eine spät-jungpaläolithische Abristation im Oberen Donautal. Fundber. Baden-Württemberg 20, 1995, 13ff.

24 H. Reim, Die Burghöhle bei Dietfurt, Gde. Inzigkofen-Vilsingen, Kr. Sigmaringen. Zur nachmesolithischen Besiedlung von Höhlen im Donautal zwischen Tuttlingen und Sigmaringen. Mitt. Verb. Dt. Höhlen- u. Karstforscher 22-3, 1976, 85ff. – G. Wieland, Überlegungen zur Höhlennutzung im oberen Donautal während der Spätbronze- und Eisenzeit. In: H. Küster/A. Lang/P. Schauer (Hrsg.), Archäologische Forschungen in urgeschichtlichen Siedlungslandschaften. Festschr. Georg Kossack zum 75ten Geburtstag. Regensburger Beitr. Prähist. Arch. 5 (Bonn 1998) 389ff.

25 S. Uhl, Höhlenburgen und Höhlenbefestigungen im Donautal zwischen Sigmaringen und Tuttlingen. Bl. Schwäb. Albver. 94/1, 1988, 8ff. – Schmitt, Burgen Donautal.

26 Zum Überblick Reim, Besiedlung. – G. Richter, Auf den Spuren der Geschichte. In: Richter (Hrsg.), Der Landkreis Sigmaringen: Geschichte und Gestalt. Thorbecke-Bildbücher 66 (Sigmaringen 1981) 9ff.

schenzeitlich in Höhlen und exponierten Felshöhen durch zahlreiche Funde in erstaunlicher Dichte und Qualität belegt. Verwiesen sei nur auf den 2004 geborgenen Depotfund auf der Eremitage bei Inzigkofen[27] sowie den 1844 geborgenen Depotfund in der Paulshöhle unterhalb der Altstadt bei Beuron und zahlreiche weitere unpublizierte Keramikfundstellen, die mit gängigem Erklärungsmuster teils nur schwer zu deuten sind. Die umliegenden Hochflächen weisen durch in den Wäldern erhalten gebliebene Gruppen von Grabhügeln wohl auf eine dichtere frühkeltische (hallstattzeitliche) Besiedlung hin. Bekannt sind etwa reiche Grabinventare aus Hügeln bei Vilsingen und Laiz die bislang noch nicht mit Siedlungen verbunden werden können.[28] Für die späte Latènezeit ist etwa die Viereckschanze bei Leibertingen zu erwähnen,[29] zeitlich entsprechende Funde finden sich in etlichen Höhlen und Felsvorsprüngen wie etwa am Schaufelsen bei Stetten am kalten Markt.[30] Ob die zahlreichen in Höhlen und auf Felsen nachweisbaren Aktivitäten mit Ansiedlungen auf den Höhen beiderseits des Donautales oder mit autonomen Siedlungsgemeinschaften im Talraum selber in Verbindung zu bringen zu sind, muss derzeit noch offen bleiben.

Insbesondere beim Ausgang des tief eingeschnittenen und nur schwer zu querenden Felsentales der oberen Donau in die flacheren Altmoränenplatten sind im Raum um Inzigkofen und Sigmaringen-Laiz zahlreiche Fundstellen aus der römischen Zeit bekannt geworden, die ihren Ursprung wohl auch der verkehrsgeographisch wichtigen Lage an einem alten Donauübergang (wohl bei Laiz) verdanken.[31]

Den wenigen kleineren Ansiedlungen der mittelalterlichen Ausbauzeit im Tal selber – es sind der Klosterweiler Beuron, Hausen mit einigen wohl frühmittelalterlichen Gräbern,[32] Neidingen mit seiner starken Karstquelle, Thiergarten, Gutenstein mit den überregional bekannten, reich ausgestatteten frühmittelalterlichen Gräbern nahe der St. Gallus Kirche[33] und schließlich der Burgweiler Dietfurt – stehen allein im Talabschnitt zwischen Tuttlingen und Inzigkofen mehr als 30 Burgen – darunter auffallend viele Höhlenburgen – zur Seite, die in teils abenteuerlich exponierter Lage die Felsklötze und -nadeln zu beiden Flanken des Tales bekrönen. Als besonders malerisch gilt der Talabschnitt um Beuron, dessen mächtige Klosteranlage und der kleine Weiler den hochwassersicheren Gleithang einer weiten Talschlinge besetzt haben. Mit Schloss Bronnen und den Burgen Wildenstein und Werenwag thronen hier auch die drei bekanntesten, am besten erhaltenen oder ausgebauten Herrschaftssitze weithin sichtbar über dem Tal.[34]

Die Verkehrserschließung des Donautals erfolgte erst Mitte des 19. Jahrhunderts mit einer durchgängigen Straße von Tuttlingen nach Sigmaringen, die allerdings den durch den bis in die Donau hereinreichen Schwarzwagfelsen unpassierbaren Abschnitt zwischen Fridingen und Beuron auf der nördlichen Anhöhe umging.[35] Zuvor waren lediglich einzelne Teilstrecken im Tal ausgebaut, zumindest mit Fahrzeugen war das Donautal durch immer wieder bis an den Fluss heranreichende Felswände bis dato nicht durchgehend passierbar. Ältere (mittelalterliche) Wege lokaler und regionaler Bedeutung querten hingegen das Tal in günstigen Einschnitten, so etwa bei Beuron, Hausen im Tal, Thiergarten und Dietfurt. Überregionale Bedeutung hatte wohl lediglich die das Tal bei Mühlheim (Alt-Mühlheim) querende, auch archivalisch belegte Fernverbindung vom Bodenseeraum über den Großen Heuberg ins Albvorland.[36] Die zahlreichen Burgen entlang der Randhöhen können also nicht – wie sonst oft unterstellt – vorrangig der Kontrolle von Verbindungswegen gedient haben. Nicht umsonst folgt die Bundesstraße zwischen Tuttlingen und Sigmaringen – zumindest bis Neuhausen und dann wieder ab Vilsingen – grob der Trasse der römischen Straße, die etwas südlich der Ortschaften Buchheim, Leibertingen und

27 H. Reim, Ein spätbronzezeitlicher Opferplatz über der Donau bei Inzigkofen, Kreis Sigmaringen. Arch. Ausgr. Baden-Württemberg 2004, 62 ff.

28 S. Oberrath, Der Hügel mit bronzener Schnabelkanne von Inzigkofen-Vilsingen, Kr. Sigmaringen, und die hallstattzeitlichen Grabhügel der Umgebung. Fundber. Baden-Württemberg 25, 2001, 329 ff. mit älterer Literatur.

29 K. Bittel/S. Schiek/D. Müller, Die keltischen Viereckschanzen. Atlas Arch. Geländedenkmäler Baden-Württemberg 1/1 (Stuttgart 1990) 238 ff.

30 G. Wieland, Arch. Ausgr. Baden-Württemberg 1996, 151 ff. – Vgl. dazu auch G. Wieland, Zur Frage der Kontinuität von der Spätlatènezeit in die frühe römische Kaiserzeit an der oberen Donau. In: C.-M. Hüssen/W. Irlinger/W. Zanier (Hrsg.), Spätlatènezeit und frühe Kaiserzeit zwischen Alpenrand und Donau. Koll. Vor- u. Frühgesch. 8 (Bonn 2004) 113 ff.

31 S. Schmidt-Lawrenz, Der römische Gutshof von Laiz, Flur „Berg“, Kreis Sigmaringen. Ein Beitrag zur Villenbesiedlung in der Umgebung von Sigmaringen. Fundber. Baden-Württemberg 16, 1991, 441 ff. – G. Wieland, Augusteisches Militär an der Oberen Donau? Germania 72, 1994, 205 ff.

32 Wagner, Fundstätten 45. Die wenigen überlieferten Beigaben sprechen für das spätere 7. Jahrhundert.

33 Wagner, Fundstätten 44. – F. Garscha, Die Alamannen in Südbaden. Katalog der Grabfunde. Germ. Denkmäler Völkerwanderungszeit A 11 (Berlin 1970) 82 f. Taf. 31,9.

34 LBW VII 771 ff.

35 W. Rössler, Die Erschließung des Oberen Donautales im 19. und 20. Jahrhundert. Bl. Schwäb. Albver. 105, 1999, 45 ff. – Der Schwarzwagfels wurde erst ab 1901 durch Abtragen (Sprengung) passierbar gemacht: M. Ketterer/W. Lang/K.-E. Maier, Buchheim (Buchheim 1978) 132 f.

36 C. Morrissey/D. Müller, Die Wallanlagen bei Dürbheim (Burghalde), Kolbingen (Burghalde) und Tuttlingen (Altenburg), Lkr. Tuttlingen. Atlas Arch. Geländedenkmäler Baden-Württemberg 2. Vor- u. Frühgesch. Befestigungen 15 (Stuttgart 2005) 32. – E. Blessing, Kolbingen und die Herrschaft Werenwag (Horb 1999) 546 f.

Kreenheinstetten über die südlich der Donau gelegenen Höhen führte und damit wahrscheinlich einer älteren Streckenführung folgt, markiert auch durch etliche Grabhügelgruppen zumeist frühkeltischer Zeit.
Der Bau der Eisenbahn durch das Donautal erfolgte erst 1889/90 und machte in den folgenden Jahrzehnten das Tal als Wandergebiet bekannt. Der Schwäbische Albverein legte besonders in den Jahren zwischen 1890 und 1910 zahlreiche Wanderwege an und errichtete Aussichtspunkte auf markanten Felsköpfen.

Die Altstadt bei Beuron

1,2 km östlich der Klosterkirche St. Martin von Beuron, im Privatwald (Fürstlich Hohenzollernsche Hofkammer), Abteilung 29 Altstadt.
Höhe 795 m ü. NN (Mittelpunkt)
R = ^{34}98,98 H = ^{53}23,55[37]
Topographische Karte 1:25 000 Blatt 7919
Flurkarte 1:2500 Blatt SW 4605

Literatur

P. L. H. Röder, Geographisch Statistisch-Topographisches Lexikon von Schwaben 1 (Ulm 1791) 203 f. – J. A. Eitenbenz, Römische Niederlassung in Messkirch (Konstanz 1836) 42. – Zingeler, Forschung 22 f. – K. Th. Zingeler, Die Altstatt bei Beuron. Hohenzollerische Volkszeitung 1894, Nr. 99. – F. Knickenberg, Korrbl. Westdt. Zeitschr. Gesch. u. Kunst 13, 1894, 177 f. – Zingeler/Laur, Bau- und Kunst-Denkmäler 193 mit arch. Karte im Anhang. – Stehle, Hohenzollern 417. – H. Stoll, Fundber. Schwaben N. F. 8, 1933–35, Anhang II (Fundber. aus Hohenzollern) 16. – W. Genzmer (Hrsg.), Die Kunstdenkmäler Hohenzollerns 2, Kreis Sigmaringen (Stuttgart 1948) 484. – Kraus, Burgställe 2. – Heine, Wehranlagen 51 f. Abb. 10. – Biel, Höhensiedlungen 224. – Reim, Besiedlung 60.

Lage

Der Altstadtfels ragt am südöstlichen Rand einer weiten Schleife des Donautals steilwandig und imposant hervor. Er springt von der flachwelligen Hochfläche um Leibertingen gegen Norden hervor und überragt den Talraum – bei einer Wandhöhe von bis zu 60 m – insgesamt um etwa annähernd 200 m. Gegen Westen (Ölmühlhalde) bilden mächtige Felsgruppen – auf Höhe des Walles etwa der Paulsfelsen – den Prallhang, deren Wände talwärts mit sehr steilen und nur schwer begehbaren Schutthalden zur Donau hinabführen. Im Osten (Schafberghalde) schließt die Kerbe eines Trockentales an, die Hänge sind hier weniger steil, recht gleichmäßig geneigt und bewaldet. Vor der nordwestlichen Spitze des Altstadtfelsens ragt ein weiterer, kleinerer, aber imposant freistehender Felsturm markant hervor. Ungeschichtete, verschwammte Obere Felsenkalke (Massenkalke) bilden den massigen Felsstotzen, der zu Auskolkungen und Höhlenbildungen neigt. Insbesondere die bis zu 60 m hohen Felswände im Westen weisen zwei größere und mehrere kleine, nur schwer zugängliche Höhlen auf. Die steilen, bewaldeten Hänge sind ansonsten von kleineren Felsgruppen und Schutthalden durchsetzt. Markant ist insbesondere an der Nordspitze des Berges eine weit bergab ziehende, teils recht breite Felsrippe.[38]
Das Plateau des Altstadtfelsens bricht nahezu allseits mit sehr scharfer Kante talwärts ab und war durch den am Ansatz an die Hochfläche angelegten Abschnittswall in fast idealer Weise zu sichern. Lediglich der Nordhang bietet dort, wo der heutige Wanderweg in zahlreichen Kehren die Höhe erklimmt, mit einer Steigung von etwa 30° eine passable Möglichkeit, die Felshöhe vom Tal her zu erklimmen (Abb. 1 und 3). Breitere Vorsprünge gegen das Donautal sind vor allem an der nordwestlichen Ecke des Plateaus vorhanden, wo ein schmales Felsband einen besonders guten Ausblick ins Tal bietet. Ein weiterer Vorsprung liegt an der Westseite unmittelbar innerhalb des Walles, seine südliche Hangkante ist zugleich Ansatzpunkt für das gesamte Plateau. Am Fuß dieses Felsens – Paulsfels genannt – befindet sich die nur über einen steilen Schutthang zu erreichende Paulshöhle, die neben weiteren vorgeschichtlichen Funden ein bedeutendes Bronzedepot der späten Urnenfelderzeit barg.[39] Jüngst erst bekannt gewordene Keramikscherben belegen – möglicherweise zeitgleich mit dem Hortfund – eine intensivere Begehung der Höhle während der späten Urnenfelderzeit sowie ein erneutes Aufsuchen zur späten Latènezeit.[40]
Das Plateau der Altstadt weist über dem felsigen Boden eine dünne Bodenkrume aus braun-krümeligem

37 Die Koordinaten im Gauß-Krüger-System beziehen sich auf den Schwerpunkt der Innenfläche.

38 Dessen oberer, kanzelartiger Vorsprung (um 755 m ü. NN) weist eine verrundet-viereckige Abgrabung von etwa 2 auf 2 m auf, deren Talseite mit einem niedrigen Wall aus größeren Steinbrocken aufgesetzt worden ist. Der Befund ist schon als Turmfundament angesprochen worden, stammt jedoch sicher von keinem Gebäude, sondern dürfte vielmehr in jüngerer Zeit – vielleicht als eine Art Schützenloch (?) – ausgehoben worden sein.

39 F. Stein, Bronzezeitliche Hortfunde in Süddeutschland. Beiträge zur Interpretation einer Quellengattung, Katalog. Saarbrücker Beitr. Altertumskde. 24 (Saarbrücken 1979) 107 f. mit älterer Literatur.

40 Die Funde und Befunde werden neben zahlreichen weiteren Fundstellen in einer von der Denkmalpflege am Regierungspräsidium Tübingen initiierten Aufnahme vor- und frühgeschichtlicher Funde des oberen Donautals hoffentlich in absehbarer Zeit vorgelegt werden können.

Abb. 3 Der Altstadtfels vom Rauhen Stein bei Irndorf von der gegenüberliegenden Talseite (Norden) aus gesehen. Deutlich wird die asymmetrische Gestalt mit der Felswand am westlichen Prallhang und dem bewaldeten, dennoch sehr steilen Gleithang nach Osten hin (Aufnahme 2005).

Waldhumus auf, in weiten Teilen der recht ebenen Innenfläche jedoch tiefgründigere, steindurchsetzte Verwitterungsböden aus hell- bis dunkelbraunem Lehm. Im südlichen Teil der Innenfläche wurde etwa 120-jähriger Fichtenaltbestand um 1995 nach Windbruch und Borkenkäferbefall ausgeschlagen und die Fläche mit Buchen neu angelegt. Im nördlichen Teil wurden um 1960 Fichten gesetzt, die Felskuppen weisen Altbestand überwiegend aus Buchen und Kiefern auf. Im Bereich des Walles erschwerten zur Zeit der Bearbeitung (2005) teils dichterer Jungwuchs und Sträucher die Beurteilung, während zur Zeit der Planaufnahme noch Hochwald stand.

Fließendes Wasser gibt es auf der Höhe nicht, das im Osten gelegene Seitental ist trocken gefallen. Möglicherweise bot die Donau einst die nächstgelegene Möglichkeit Wasser zu holen, was einen anstrengenden Fußmarsch von etwa 15 Minuten (einfacher Weg) voraussetzt.

Eine ältere (mittelalterlich-neuzeitliche), das Donautal querende Wegeverbindung führte über die Irndorfer Hart durch die Hohlsteige am Ochsenbühl ins Tal hinunter, am Kloster vorbei und dann als gut ausgebauter Hangweg unterhalb des Petersfelsens – dort im letzten Anstieg mit mehreren Trassen als Hohlweg ausgebildet – zum Steighof hinauf. Von hier führte ein einst von Bäumen gesäumter Weg (heute im Fichtenforst) in Richtung Leibertingen, zum anderen in Richtung Buchheim.[41] Die Straße über den Steighof war bis zum Bau der heutigen Straße Mitte des 19. Jahrhunderts die einzige Verbindung von Beuron auf die Leibertinger Höhe.

Der Steighof wurde offenbar als Wirtschaftshof des Klosters Beuron im 16. Jahrhundert angelegt und erst im frühen 20. Jahrhundert aufgegeben, 1964 schließlich abgebrochen.[42] Die ausgedehnten Ackerflächen, Altstadtäcker genannt, wurden erst ab der Mitte des 20. Jahrhunderts nahezu vollständig mit Fichten aufgeforstet.

41 Gut erkennbar etwa in der Charte von Schwaben (Blatt 31) von J. G. F. Bohnenberger des Jahres 1828. Hrsg. Landesvermessungsamt Baden-Württemberg (Stuttgart 1986).

42 Gemeinde Leibertingen: Kreenheinstetten, Thalheim, Altheim. Erinnerungen in Bildern – eine Brücke zur Vergangenheit (Horb am Neckar 1996) 16.

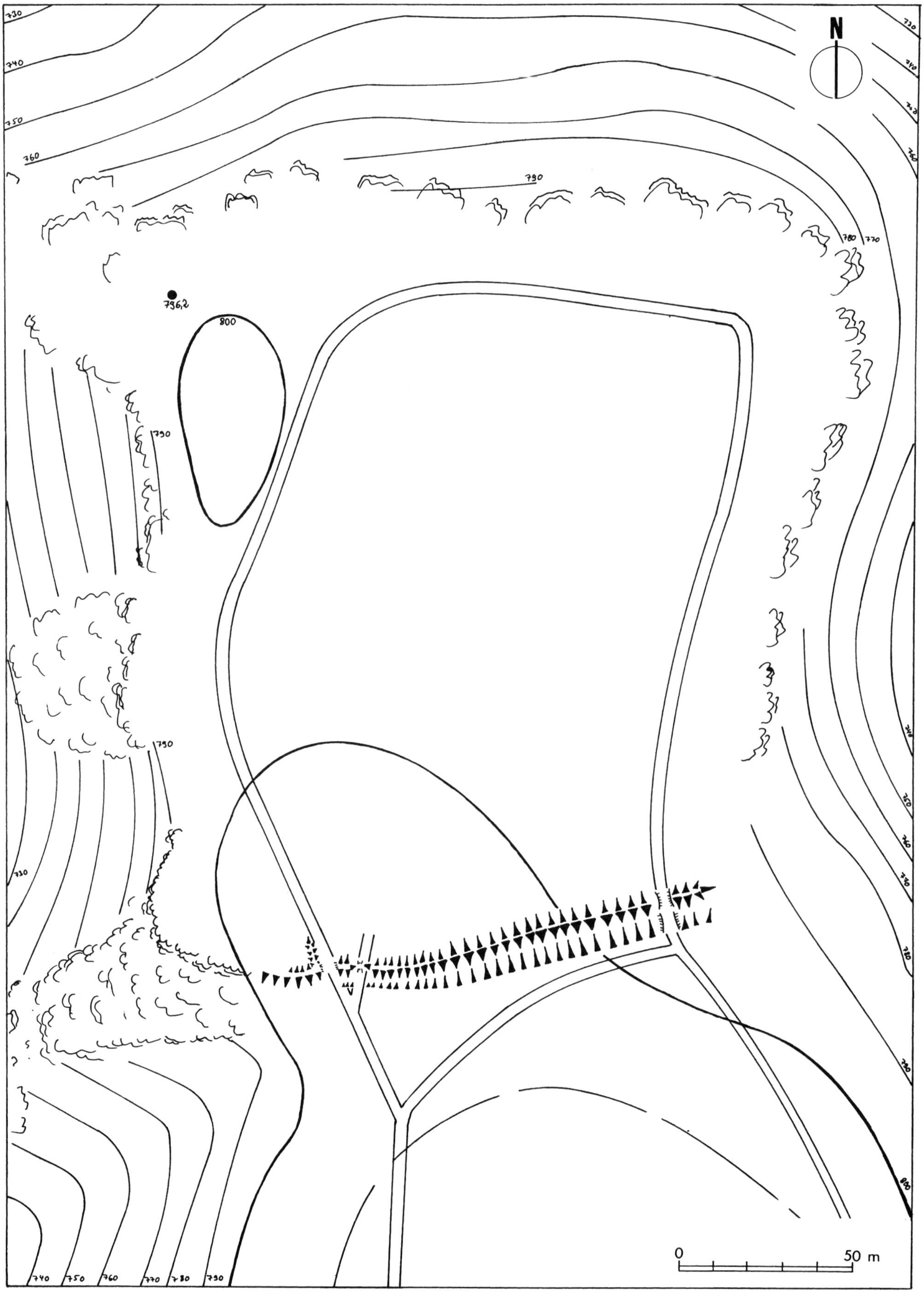

Abb. 4 Topographische Aufnahme der Altstadt bei Beuron 1973, nach Heine. Originalmaßstab M. 1:1500, geringfügig verkleinert.

Der Name Altstadt weist darauf hin, dass die Befestigung im Volksmund als Überrest einer alten Siedlung oder Hofstatt angesehen worden ist. Der die Innenfläche umfahrende, spätestens um 1900 angelegte Ringweg ist über weite Strecken nur als Fahrspur vorhanden. Ein hiervon abzweigender Stichweg jüngeren Datums diente offenbar der Holzabfuhr. Hingegen ist der wenig außerhalb des Walles abzweigende, Wall und Graben ebenfalls durchbrechende und in die Mitte der Innenfläche führende Weg nach Ausweis der Urflurkarte schon 1845 vorhanden gewesen. Insgesamt ist der Wall somit an drei Stellen durchbrochen, möglicherweise wurden dabei aber ältere Zugänge genutzt und zugleich zerstört (s. u.).

Forschungsgeschichte

Die früheste greifbare Erwähnung der Altstadt findet sich schon 1791 in dem historisch-geographischen Lexikon Schwabens des landeskundigen Pfarrers Hermann Röder. Genannt wird hier eine „noch mit etwas sichtbarem Graben umgebene Ebene, Altstadt genannt, auf welcher nach der Anzeige älterer Geographen zu den Zeiten der Römer die versunkene Stadt Pragodurum gestanden haben soll".[43] 1836 ging Pfarrer Eitenbenz im Zuge seiner Forschungen zum römischen Gutshof bei Messkirch auch kurz auf die Altstadt bei Beuron ein, vermerkte das Fehlen von Mauern und hielt sie für eher mittelalterlich.[44]

Die erste eingehendere Beschäftigung mit der Altstadt ist Karl Theodor Zingeler zu verdanken, seinerzeit Archivleiter des Hohenzollerischen Hauses.[45] Er beschrieb 1894 die Lage wie auch den Abschnittswall kurz und treffend, ließ freilich den Graben unerwähnt. Zingeler schätzte die Anlage zeitgemäß als vorgeschichtliche, wohl spätkeltische „Volksburg" ein und dachte an eine Fliehburg für die Anwohner der Umgebung, die zugleich auch kultischen Zwecken gedient haben könnte.[46] Einen der Steinhügel in der Innenfläche ließ er ohne Ergebnis untersuchen (vgl. Archäologische Untersuchungen). Seinen Angaben folgen die erste eingehende Beschreibung der Kunstdenkmäler Hohenzollerns durch Zingeler und Friedrich Laur im Jahre 1896, wo eine „vorhistorische, starke Volksburg, Altstatt genannt" erwähnt wird,[47] sowie weitere archäologische wie auch orts- und burgenkundliche Beiträge.[48] Auf die Berichte Zingelers beriefen sich auch Friedrich Knickenberg 1894 in einem zusammenfassenden Beitrag[49] sowie das 1926 erschienene landeskundliche Standardwerk Hohenzollerns, herausgegeben von Bruno Stehle. Es führt die Altstadt – unter Bezug auf Röder und Zingeler – als „vorhistorische Volksburg" an.[50]

Hermann Stoll erwähnte 1935 eine „verstürzte Trockenmauer aus Kalkblöcken mit Graben" und deutete die wenigen, von ihm aufgefundenen Keramikscherben als „geringe Siedlungsspuren" der Hallstattzeit.[51] Die Orts- und Regionalliteratur griff dies auf und vermutete auf dem Altstadtfels einen hallstattzeitlichen Herrensitz oder eine befestigte Höhensiedlung dieser Zeit,[52] bisweilen auch eine abgelegene Fluchtburg für die Bewohner der umliegenden Landschaft.[53]

Aufbauend auf Vorarbeiten des Freiburger Institutes für Ur- und Frühgeschichte legte Hans-Wilhelm Heine 1978 eine Studie zu Wehranlagen zwischen junger Donau und westlichem Bodensee vor. Er stellte für die Altstadt auszugsweise die ältere Literatur zusammen und legte mit einer einfachen topographischen Aufnahme (Abb. 4) sowie einer kurzen Beschreibung der Anlage die Grundlagen für die weitere Beschäftigung hiermit.[54] In der Frage der Datierung vermutete er nach den Angaben Stolls eine hallstattzeitliche Erbauung von Wall und Graben. Zuletzt ging Jörg Biel 1987 näher auf die Altstadt ein und verwies, neben einer kurzen Beschreibung der sichtbaren Befestigungsreste, auf die von Stoll genannten Funde, enthielt sich aber jeglicher Bewertung.[55]

In topographische Kartenwerke hat die Altstadt keinen Eingang gefunden. 1988 wurde die Anlage durch die Firma Geoplana, Marbach-Rielinghausen, beflogen

43 Philipp Ludwig Hermann Röder, Geographisches statistisch-topographisches Lexikon von Schwaben oder vollständige alphabetische Beschreibung aller im ganzen Schwäbischen Kreis liegenden Städte, Klöster, Schlösser, Dörfer, Flecken, Höfe, Berge, Täler, Flüsse, Seen 1 (Ulm 1791) 203. Die angeführten „älteren Geographen" waren nicht auszumachen. Vgl. dazu auch die Zusammenfassung.

44 J. A. Eitenbenz, Römische Niederlassung in Meßkirch (Konstanz 1836) 42.

45 R. Seigel, Das Fürstlich Hohenzollernsche Haus- und Domänenarchiv. Zeitschr. Hohenzoll. Gesch. 1, 1965, 247 ff. 251 f.

46 Zingeler, Forschung 17f; 22 ff. – Ders., Die Altstatt bei Beuron. Hohenzollerische Volkszeitung 1894, Nr. 99.

47 Zingeler/Laur, Bau- und Kunstdenkmäler 193.

48 H. v. Hölder, Fundber. Schwaben Ergh. 2, 1894, 17, dort lapidare Erwähnung als Volksburg bei Beuron. – Bl. Schwäb. Albver. 10, 1898, 114. – Kraus, Burgställe 2.

49 F. Knickenberg, Neue Funde, Hohenzollern (Germanische Ringburgen). Korrbl. Westdt. Zeitschr. Gesch. u. Kunst 13, 1894, 177 f.

50 Stehle, Hohenzollern 417.

51 H. Stoll, Fundber. Schwaben N. F. 8, 1933–35, Anhang II (Fundber. aus Hohenzollern) 16; darauf bezieht sich auch die lapidare Notiz in Bad. Fundber. 3, 1933–36, 372.

52 R. Seigel, Aus der Geschichte des Kreisgebietes. In: K. Theiss/H. Baumhauer (Hrsg.), Der Kreis Sigmaringen. Heimat und Arbeit (Aalen, Stuttgart 1963) 57 ff. 62. – Jerg, Vor- und Frühgeschichte 28 („Abschnittswall am Altstattfels"). – Reim, Besiedlung 60 (unter befestigten Höhensiedlungen aufgeführt).

53 A. Heim in: Im Schatten eines Denkmals. Geschichte und Geschichten des Geburtsortes von Abraham a Santa Clara: Kreenheinstetten 793–1993. Hrsg. Gemeinde Leibertingen (Sigmaringen 1993) 17.

54 Heine, Wehranlagen 51 Abb. 10.

55 Biel, Höhensiedlungen 224.

Abb. 5 Der Steinriegel in der Innenfläche des Altstadtfelsens von Norden her gesehen (Aufnahme 2005).

und durch die „Badische Luftbildauswertung – Ingenieurbüro Hardegen GmbH", Freiburg i. Br., photogrammetrisch ausgewertet. Die topographische Aufnahme des Plateaus mit der Wallanlage und Teilen des Nordhangs erfolgte 1990 durch Joachim Fink und Andreas Ipowitz für den „Atlas archäologischer Geländedenkmäler in Baden-Württemberg" (Beilage 1).[56]

Beschreibung

Am südlichen Ansatz des Altstadtfelsens an die flachwellige Hochfläche sichert ein etwa 130 m langer Steinwall an hierfür günstigster Stelle den Zugang zur Innenfläche (vgl. im Folgenden Beilage 1). Er zieht – leicht nach innen abgeknickt – von Steilhang zu Steilhang und nutzt dabei am Westhang einen felsigen Vorsprung, an dessen Außenseite er anschließt, am Osthang eine kleine natürliche Einkerbung, in die die vorgelagerte Grabenmulde hinein läuft. Das hierdurch geschützte rechteckige Felsplateau besitzt mit gut 200 m Länge und bis zu 160 m Breite eine Fläche von etwa 3,2 ha.

Die Innenfläche der Altstadt ist auffallend eben und wurde, wie auch der gesamte Außenbereich, wohl früher vom Steighof landwirtschaftlich genutzt, war jedoch spätestens 1845 bewaldet.[57] Zeugen dieser Nutzung dürfen etliche kleinere Steinhügel sein, von denen 1894 vier ergebnislos untersucht wurden.[58] Am nordwestlichen Rand wird die Innenfläche durch einen mit steiler Böschung bis zu 2,5 m ansteigenden, etwa 20 bis 30 m breiten, felsigen Geländerriegel eingefasst, der auf ganzer Länge zum Steilhang überleitet. Er weist teils einen erstaunlich scharfen, möglicherweise durch alten Ackerbau überarbeiteten Fuß auf und ist übersät von teils größeren Felsbrocken und haufenartigen Steinansammlungen. Parallel und rechtwinklig zu diesem Riegel sind im nördlichen, von Fichten bestandenen Teil der Altstadt mehrere ganz flaue und schmale Rinnen zu erkennen, die in Ansätzen als rechteckige Unterteilungen des Geländes – vielleicht ehemalige Hackbauflächen – ausgemacht werden können. Hierauf ausgerichtet ist auch ein größerer Steinriegel, der etwa 45 m lang, dabei jedoch nur um 1 m breit und maximal 50 cm hoch ist. Im nördlichen Teil besteht er aus einzelnen, teils sehr groben und offenbar unbehauenen Steinbrocken und weist genau beim Auftreffen einer der Rinnen eine um 1,5 m breite Lücke auf. Zumindest in diesem Abschnitt gleicht er nicht den beim Ackerbau ausgelesenen Steinriegeln der weiteren Umgebung (Abb. 5), vielmehr dürfte er den Rest einer niedrigen Feldmauer darstellen, die für einen unbekannten Zweck hier errichtet worden ist. Ein funktionaler und zeitlicher Zusammenhang mit der Wallanlage ist derzeit jedenfalls nicht zu erkennen.

An weiteren künstlichen Veränderungen des Geländes ist etwa in der Mitte der Nordseite, nahe der Hangkante, eine etwa 50 cm tiefe Grube mit gut 3 m Durchmesser zu nennen. Sie wirkt eher rezent, zeigt keinerlei Ausmauerung oder Lehmverkleidung, der Aushub ist ringförmig aufgehäuft. Die Entstehung einer sehr flauen, rundlichen Planierung mit etwa 10 m Durchmesser in der südöstlichen Ecke der Innenfläche – unmittelbar am Weg – war nicht sicher zu klären. Sie könnte jedoch als Köhlerplatte – eine solche ist auch in der östlich anschließenden Talkerbe vorhanden – angelegt worden sein.

---

56 Ergänzungsmessungen führten 1992 Frank Bubeck und Rainer Kießling sowie 1994 Dieter Müller und F. Bubeck durch (alle seinerzeit Landesdenkmalamt Baden-Württemberg). Leitung und Betreuung oblagen Dipl.-Ing. (FH) Dieter Müller, Landesamt für Denkmalpflege. Die Reinzeichnung des Planes wird dem geoGraphischen Büro Günter Müller, Waldbronn, verdankt; die Felszeichnungen führte F. Bubeck durch.

57 Erkennbar auf der Urflurkarte des Jahres 1845. Herrn Diesch, Landratsamt Sigmaringen, Fachbereich Vermessung in Bad Saulgau, sei für Hilfe bei der Durchsicht gedankt.

58 Zingeler (Anm. 46) erwähnt insgesamt 20 bis 25 solcher Hügel, die seiner Ansicht nach als „Gedächtnishügel" im Zusammenhang mit andernorts vorgenommenen Bestattungen gewesen sein könnten.

Die über weite Strecken dem Wall nach außen hin vorgelagerte, zum Wall hin einfallende, muldenartige Senke – schwerlich als Graben zu bezeichnen – dürfte bei der Materialentnahme entstanden sein und diente wohl nicht primär zu Wehrzwecken. Spuren einer randlichen Befestigung des Plateaus sind nirgends zu entdecken, eine solche war aufgrund der allseits steil abfallenden Hänge wohl auch entbehrlich.

Die heutigen Wegedurchbrüche – zwei am Westhang, einer am Osthang – scheinen alle nachantik, das heißt erst in jüngerer Zeit (spätestens um 1900) entstanden zu sein. Die Lage des antiken (zeitgenössischen) Zugangs muss deshalb derzeit offen bleiben, will man ihn nicht – dann als nur schmalen Durchlass – unter einem der heutigen Wege vermuten. In Frage kämen in diesem Falle die beiden westlichen Wege, von denen der wenig außerhalb des Walles zur Innenfläche hin abbiegende Stichweg keinen deutlichen Durchbruch zeigt, während der am Hang verlaufende Rundweg an einer Nahtstelle zwischen Wall und leicht erhöhter Böschung sitzt (Abb. 6). Aber auch am östlichen Weg fällt auf, dass der Wall westlich davon sich schon wenig zuvor etwas absenkt.

Der Wall zeigt auf ganzer Länge aufliegende, teils auffallend grobe, unbearbeitete Steinbrocken. Am Westhang sitzt er der äußeren (südlichen) Geländekante eines hier ins Tal etwas vorspringenden, vom Plateau leicht abgesetzten und gegen die Innenfläche leicht erhöhten Felsens auf. Bis hin zum Wegedurchbruch ist er dort als nur flacher, steiniger Riegel wahrzunehmen, dessen Außenböschung mit klarem Fuß bis zu 1,7 m Höhe steilwandig abfällt, die verflaute Innenböschung dagegen mit maximal 20 cm Höhe nicht durchweg eindeutig auszumachen ist. Am westlichen Ende des Walls setzt – ohne klare Trennung – ein flacher, auffallend breiter Steinhaufen an, der sicher jüngerer Entstehung, wohl mittelalterlich-neuzeitlich, ist. Auch an der Innenseite des Walles schließt nach Norden am Weg entlang hin auf 17 m Länge ein Konglomerat mehrerer aneinander hängender Steinhaufen und zweier muldenartiger Abgrabungen an, ohne dass hier Sicheres über Entstehung und Funktion derselben auszusagen wäre. Östlich des etwa 2,5 m breiten und fast ebenen Wegdurchbruches folgt bis zum zweiten Weg ein 6,5 m langes, recht flaues Wallstück ohne erkennbaren Graben. Erst östlich des zweiten, gut 2 m breiten Wegedurch-

Abb. 6 Altstadt, Blick nach Nordwesten auf die Befestigung am Westhang beim Wegedurchbruch (Aufnahme 2005).

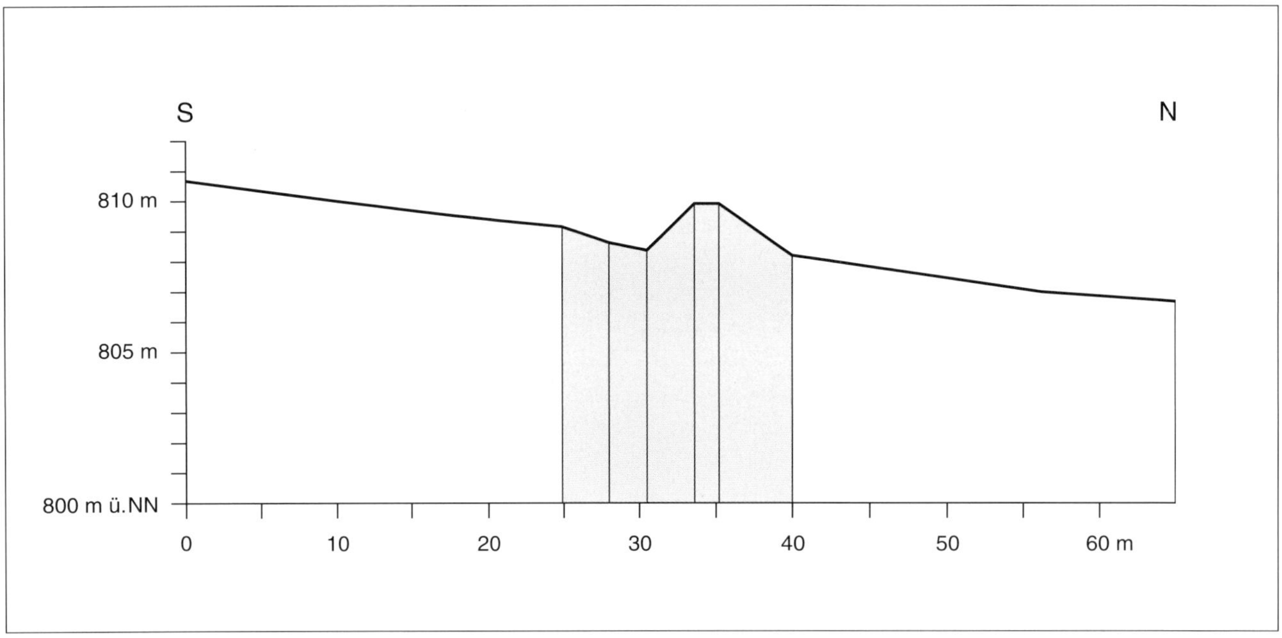

Abb. 7 Altstadt, Profil durch Wall und Graben etwa 25 m westlich des Weges. M. 1:500, zweifach überhöht.

bruches wird der Wall deutlich klarer, merklich steiniger und die Außenkante des Grabens wird erkennbar. Die Breite des Walles schwankt auf ganzer Länge zwischen 5,5 und gut 7 m, nur an einer Stelle wird durch die verzogene Innenböschung knapp 10 m erreicht (Abb. 7 und 8). Der Wallfuß ist auf beiden Seiten durchweg klar und recht scharf, die knapp 1 m breite Wallkrone wirkt nicht zuletzt durch die groben Steinbrocken – wie auch weite Teile der durchweg recht steilwandigen Böschung – ziemlich unruhig. Nur an einer Stelle ist der Wallinnenfuß auffällig breit nach innen verzogen, eine Ursache ist jedoch nicht erkennbar. Bemerkenswert ist ein leichter, im Gelände allerdings kaum wahrnehmbarer Knick im Wallverlauf, wenig östlich der Wegedurchbrüche am Westhang. Er teilt den Wall in einen etwa 90 m langen östlichen und einen etwa 40 m langen westlichen Abschnitt, die beide nahezu gerade verlaufen. Sanft gebogen beschreibt der Knick einen Einzug um etwa 10° nach innen, nahezu so, als sei vom Osthang ausgehend eine leichte Richtungskorrektur nötig gewesen, um am Westhang die für das Aufsetzen des Walles günstige Geländekante zu erreichen. Möglicherweise ist hier aber auch die Nahtstelle der dann von beiden Seiten vorangebauten Wallabschnitte zu sehen. Dazu passt die Beobachtung, dass an dieser Stelle der Wall seine größte Höhe erreicht und die kräftigsten Konturen aufweist.

Der Graben erweist sich im Gelände als zum Wall hin einfallende, zwischen 5 und 6,5 m breite Mulde, seine Tiefe im Gelände von wohl maximal 40 cm ist schwer zu fassen. Er wird wohl beim Materialabtrag zum Aufschütten des Walls entstandenen sein. Ein wehrhafter, tiefer Graben war sicher nie vorhanden, Anzeichen für größere Auffüllungen und Veränderungen gibt es nicht. Lediglich die Außenseite des Grabens scheint an mehreren Stellen durch flache Steinschüttungen überdeckt zu sein, was am ehesten im Gefolge früherer ackerbaulicher Nutzung des Vorgeländes erfolgt sein könnte.

Auch am Osthang enden Wall und Graben in einem leichten Geländeeinzug, woran nach Norden hin das eigentliche Plateau anschließt. Der Wall senkt sich schon vor dem Wegedurchbruch etwas ab, wirkt aber dennoch durchbrochen. Das östlich anschließende, etwa 15 m lange Teilstück der Befestigung zieht bis zu Hangkante hinaus und sitzt dabei auf der Außenseite des Plateaus. Der Wall ist am Wegedurchbruch durch Windwurf und eine kleine Abgrabung zusätzlich gestört, führt dann aber mit relativ klaren Konturen und flach auslaufender Stirn zum Hang hinab. Der Graben weitet sich etwas und läuft, durch eine natürliche Geländedelle verstärkt, ebenfalls im Hang flach aus. Ein Umgehen von Wall und Graben ist an dieser Seite unterhalb davon im hier noch nicht allzu steilen Hang nicht ausgeschlossen, jedoch deutet nichts auf einen alten Zugang an dieser Stelle hin.

Archäologische Untersuchungen

An der Wallanlage auf dem Altstadtfelsen selber haben bislang keine archäologischen Untersuchungen stattgefunden. Einblicke in die Struktur des Walles sind lediglich in sehr begrenztem Maße an den Wegedurchbrüchen möglich. Hiernach ist am ehesten an einen vielleicht holzverstärkten Steinwall zu denken.

1894 ließ K. T. Zingeler vier der in der Innenfläche gelegenen Steinhügel abtragen. „Sorgfältig geschichtet“ fand sich offenbar zuunterst zusammengetragener Boden, darauf Gerölle und darüber große Steinbrocken. Obgleich er vom Aufbau her an Grabhügel dachte, hielt er sie aufgrund ausbleibender Funde – es fanden sich lediglich vereinzelte Kohlenreste und Steine, die scheinbar starkem Feuer ausgesetzt gewesen waren – für an exponierter Stelle errichtete „Gedächtnishügel“ andernorts Bestatteter. Soweit dies derzeit noch zu beurteilen möglich ist, dürften die Hügel jedoch eher früherer landwirtschaftlicher Tätigkeit entstammen (vgl. dazu Lage) und so genannte Lesesteinhaufen sein.[59]

Archäologische Funde

Funde, die einen sicheren Hinweis auf das Alter und die Funktion der Wallanlage auf dem Altstadtfels geben könnten, sind bislang nicht bekannt geworden. Die 1894 durchgeführten Untersuchungen durch Zingeler (s. o.) blieben diesbezüglich ohne greifbares Ergebnis. 1935 konnte hingegen Hermann Stoll wenig innerhalb des Walles offenbar einige Stücke vorgeschichtlicher Keramik („vermutlich hallstattzeitliche Siedlungsspuren“) sichern. Ihr Verbleib ist jedoch nicht bekannt, sie sind somit in chronologischer Hinsicht nicht verlässlich zu beurteilen. Mehrfache Begehungen der Innenfläche im Zuge der Bearbeitung haben kein Ergebnis erbracht.
Werner Simon fand um 1998 am Fuß der westlichen Felswand, etwa 60 Höhenmeter unterhalb des Altstadtplateaus, im dortigen Steilhang einen kleinen, vierkantigen Bronzebarren (Nr. 1). Zudem barg er im Steilhang in Höhe des Wallgrabens, die Randscherbe einer dünnwandigen Schrägrandschale (Nr. 2), die in die späte Urnenfelderzeit (Ha B3) gehört.[60]

59 Vgl. dazu mit ähnlichen Befunden etwa die Altenburg bei Tuttlingen: C. Morrissey/D. Müller, Die Wallanlagen bei Dürbheim (Burghalde), Kolbingen (Burghalde) und Tuttlingen (Altenburg), Lkr. Tuttlingen. Atlas Arch. Geländedenkmäler Baden-Württemberg 2. Vor- u. Frühgesch. Befestigungen 15 (Stuttgart 2005) 43 f.

60 H. Reim, Archäologische Untersuchungen zum Übergang von der Bronze- zur Eisenzeit in Baden-Württemberg. In: P. Schauer (Hrsg.), Archäologische Untersuchungen zum Übergang von der Bronze- zur Eisenzeit zwischen Nordsee und Kaukasus. Koll. Regensburg 28.–30. Okt. 1992. Regensburger Beitr. Prähist. Arch. 1 (Regensburg 1994) 99 ff

Abb. 8 Altstadt, Blick nach Nordosten auf Wall und Graben wenig östlich der Wegedurchbrüche am Westhang (Aufnahme 2005).

Funde (Abb. 9)

1 Kleiner Vierkantstabbarren aus Bronze, leicht abgerundete Ecken; L. 3,6 cm, H. 0,8 cm, Br. 0,8 bis 1,0 cm; Gewicht 19,7 g.
2 Randscherbe einer wohl gewölbten Schale mit breitem, nur leicht abgesetztem Schrägrand; Ton dunkelbraun, fein gemagert, Randdm. um 24 cm.

Die Keramik könnte aus dem Areal der Altstadt an die wenig darunter gelegene Fundstelle gelangt sein. Auf welche Weise der wesentlich tiefer aufgefundene Barren im nur schwer zugänglichen Steilhang zu Liegen kam, lässt sich nicht begründet abschätzen. Das Alter des Barrens ist zudem nicht sicher zu bestimmen. Vergleichbare Stücke sind seit der späten Bronzezeit belegt, so etwa auch im reich ausgestatteten Wagengrab der frühen Urnenfelderzeit von Königsbronn auf der Ostalb nahe Heidenheim.[61] Es sei aber insbesondere auf die gut vergleichbaren, vierkantstabförmigen Barren aus dem Brucherzhort der späten Urnenfelderzeit verwiesen, der 1844 beim Ausräumen der am Südwesthang unterhalb der Altstadt gelegenen Paulshöhle geborgen worden ist.[62] Möglicherweise bestand einst ein Zusammenhang dieser nicht allzu weit voneinander entfernt gefundenen Barren.

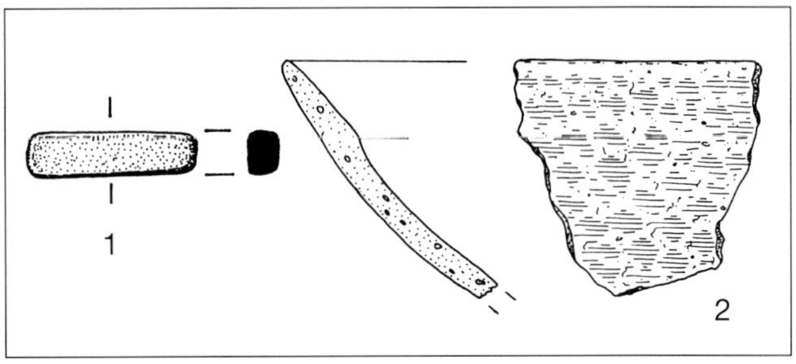

Abb. 9 Archäologische Funde aus dem Bereich des Altstadtfelsens: ein kleiner Bronzebarren (1) sowie die Randscherbe einer Schale der späten Urnenfelderzeit (2), gefunden am Westhang der Altstadt wenig unterhalb des Wallgrabens. M. 1:2.

Das Käpfle bei Beuron

1,7 km ostnordöstlich der Klosterkirche St. Martin von Beuron, im Privatwald der Fürstlich Hohenzollernschen Hofkammer, Abteilung 1 Käpfle.
Höhe 697 m ü. NN (Gipfel)
R = ^{34}99,38 H = ^{53}24,19 [63]
Topographische Karte 1:25 000 Blatt 7919
Flurkarte 1:2500 Blatt SW 4504/05, SW 4604/05

Literatur

H. Stoll, Fundber. Schwaben N. F. 8, 1933–35, Anhang II (Fundber. Hohenzollern) 16. – Genzmer, Kunstdenkmäler 484. – Heine, Wehranlagen 52 Abb. 19. – Biel, Höhensiedlungen 224 f.

Lage

Das Käpfle erhebt sich kegelförmig etwa 90 Höhenmeter aus der Sohle des um 600 m ü. NN gelegenen Donautals und ist nur gegen Norden über einen flachen, recht breiten und tief abgesenkten Sattel mit dem Hangfuß an der Nordseite des Tales verbunden. Die großenteils aus verschwammten Schichten der Hangenden Bankkalke des Oberen Weißjuras aufgebaute Bergkuppe trägt Buchenhochwald über flachgründigem Waldhumus, der unmittelbar dem felsigen Grund aufliegt. An den nach drei Seiten besonders im oberen Bereich mit 33° bis annähernd 45° sehr steil abfallenden und nur schwer zu ersteigenden Hängen treten immer wieder niedrige Felsgruppen hervor. Lediglich die breite Nordseite zum Sattel hin fällt mit etwa 20° bis 25° deutlich weniger steil ab und ist durchaus begehbar. Etwa auf halber Höhe quert hier eine mehrfach gestaffelte Abschnittsbefestigung von Steilhang zu Steilhang, die wohl den Zugang vom Sattel her sichern sollte (Abb. 10 und 11).
Der felsige, etwa 40 m lange und recht schmale Gipfelrücken erhebt sich mit einer Höhe von 697 m ü. NN gut 90 m über die Donau, gegen den Sattel im Norden steigt er um 50 Höhenmeter an. Er ist in zwei randständige Erhöhungen gegliedert, der dazwischen liegende flache und schmale Sattel ist allem Anschein nach künstlich planiert worden.
Im unteren Bereich weist der recht flache Nordhang mehrfach flache Felsabsätze und Geländestufen auf. Insbesondere der Prallhang gegen Westen besitzt auch höhere Felswände und ist sehr steil, während der Osthang vor allem im unteren Bereich als Gleithang flach in die Talschleife der Donau ausläuft. Nach Südwesten springt, verbunden durch einen etwa 12 m niedriger gelegenen, recht gleichmäßigen Geländesteg, ein abgestufter Felsturm hervor, der – durchbrochen durch die Straße – bis an die Donau hinunterreicht. Seine obere Spitze ist nahezu gleich hoch wie der Gipfel des Käpfles, eine breite talwärtige Stufe bei 669 m ü. NN ist

61 A. Jockenhövel, Urnenfelderzeitliche Barren als Grabbeigaben. Arch. Korrbl. 3, 1973, 23 ff. 28. Zuletzt dazu Ch. F. E. Pare, Weights and Weighing in Bronze Age Central Europe. In: Eliten in der Bronzezeit. Monogr. RGZM 43/2 (Mainz 1999) 421 ff. mit guten Vergleichen etwa aus Richemont-Pépinville (Ostfrankreich) oder aus Gräbern in Böhmen, beide aus der späten Bronzezeit (BZ D).
62 Stein (Anm. 39) 107 f. Nr. 69 und 70 mit Taf. 77,8–9.
63 Die Koordinaten im Gauß-Krüger-System beziehen sich auf den Gipfel des Käpfles.

Abb. 10 Blick nach Westen auf das in einer weiten Talschleife sich kegelförmig erhebende Käpfle (Bildmitte). Gesichert ist die flache Seite, die nach rechts oben Richtung Bahnlinie und Straße führt. Am unteren Bildrand ist Burg Wildenstein zu erkennen. Luftbildaufnahme O. Braasch vom 25.02.1986.

zugleich ein gut zugänglicher Aussichtspunkt. Die hier gelegene Benediktusgrotte ist der Legende nachempfunden, nach der sich der Heilige Benedikt als Einsiedler längere Zeit in einer Höhle verbarg.[64]

Der vom Tal heraufführende Wanderpfad beginnt an der St.-Maurus-Kapelle, die 1868–70 am südlichen Hangfuß errichtet ein bedeutendes Bauwerk der jüngeren Beuroner Kunstschule um Pater Desiderius Lenz ist. Unmittelbar unterhalb der Kapelle ist der so genannte Schmittenbrunnen gefasst, eine auch in Trockenzeiten stets schüttende Quelle. Sie war früher offenbar weithin bekannt und geschätzt, und dürfte auch in vorgeschichtlicher Zeit die einzige Möglichkeit zur Wasserversorgung gewesen sein.[65] Der Name des Käpfle ist eine in Süddeutschland gebräuchliche, von *kapfen* (schauen) hergeleitete Bezeichnung für aussichtsreiche und oft exponierte Höhen.

Auf etwa halber Höhe umfährt ein um 1960 angelegter Waldweg das Käpfle an der Ost- und Südseite und endet an der Felsgruppe an der südwestlichen Spitze. Er nutzt den Gefällewechsel vom sehr steilen Oberhang zum unterhalb davon merklich flacher ins Tal führenden Unterhang. Der Weg am südöstlichen Hangfuß hingegen bestand schon vor 1845 und erschloss das bis ins 20. Jahrhundert landwirtschaftlich genutzte und

64 Vgl. dazu: Beitr. Höhlen u. Karstforsch. Südwestdt. 13, 1977.
65 A. Kasper, Kunstwanderungen kreuz und quer der Donau 3 (München 1964) 12f.

Abb. 11 Blick nach Westen vom Bandfels auf das Käpfle. Gut zu erkennen ist die freistehende und das Tal beherrschende Lage in einer Donauschlinge (Aufnahme 2005).

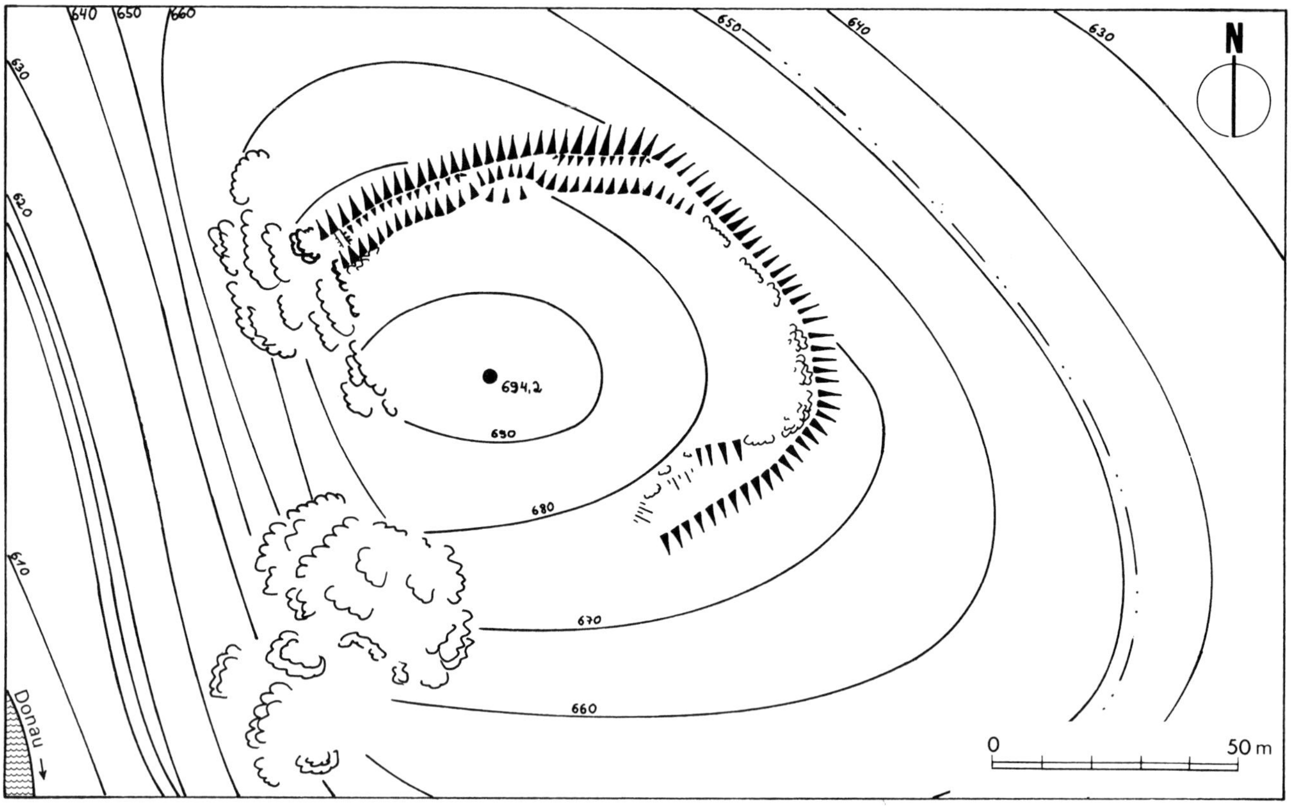

Abb. 12 Topographische Aufnahme des Käpfles bei Beuron 1975, nach Heine. Originalmaßstab M. 1:1500, geringfügig verkleinert.

anschließend aufgeforstete Gelände am flachen Osthang zur Donau hin. Auch unmittelbar oberhalb dieses Weges ist eine breite Terrassierung sicher auf alten Ackerbau zurückzuführen.
1961 wurde die Straße über den Sattel des Käpfles in einem Einschnitt neu trassiert und die 1837 erbaute Schleife entlang der Donau aufgegeben. Vor dem Bau dieser talwärtigen Straße war ein Durchgang auf der nördlichen Seite der Donau durch den bis an den Fluss herab reichenden, beim Straßenbau durchbrochenen Fels an der Westseite nur über den nördlich des Käpfles gelegenen Sattel möglich.
Im Talgrund entstand 1921 das bis heute genutzte Elektrizitätswerk. Weitere Gebäude erinnern wohl zugleich an ein bis ins 19. Jahrhundert hier bestehendes Hofgut des Klosters Beuron. Es ging offenbar aus einem abgegangenen, schon im 13. Jahrhundert erstmals in Klosterurkunden erwähnten Weiler oder Gehöft namens Oberhausen hervor.[66] Der Flurname Oberhausen findet sich allerdings nochmals gut 500 m nordwestlich vom Käpfle, am flachen Unterhang nahe des Aussichtspunktes Vögelesruhe. Von hier stammt auch mittelalterliche Keramik, die – geborgen 1990 beim Wegebau – den Hinweis auf eine Wüstung oder einen abgegangenen Hof stützt.[67]

Forschungsgeschichte

Erstmalig explizit als Befestigung erkannt findet sich das Käpfle in der Beschreibung der Kunstdenkmäler Hohenzollerns durch Karl Theodor Zingeler und Friedrich Laur im Jahre 1896. Hier ist es jedoch lediglich in der beigefügten archäologischen Karte als „Volksburg" kartiert – im Text jedoch nirgends erwähnt.[68] 1935 stellte Hermann Stoll neben den Abschnittsbefestigungen („Wall aus Kalkblöcken, dahinter Graben, dann verstürzte Trockenmauer") in einer Geländemulde am Nordosthang Siedlungsspuren fest, dort aufgelesene Keramikscherben hielt er für hallstattzeitlich.[69]
Neben wenigen kurzen Erwähnungen in orts- und regionalkundlicher Literatur, die sich auf die Mitteilung

66 Genzmer, Kunstdenkmäler 65; 77f. – K. Ochs, Studien zur Wirtschafts- und Rechtsgeschichte des Klosters Beuron von der Gründung bis zum Jahre 1515 (Hechingen 1934) 19f., demnach besaß Oberhausen im Jahr 1253 auch eine Mühle.
67 Der Aufbewahrungsort der Funde ist derzeit unbekannt.
68 Zingeler/Laur, Bau- und Kunstdenkmäler, Beilage Archäologische Karte von Hohenzollern.
69 H. Stoll, Fundber. Schwaben N.F. 8, 1933–35, Anhang II (Fundber. Hohenzollern) 16. Darauf bezieht sich auch die lapidare Notiz in Bad. Fundber. 3, 1933–36, 372. Über den Verbleib der Funde ist nichts bekannt.

Stolls bezogen und eine befestigte Höhensiedlung vermuteten,[70] ging erst Hans-Wilhelm Heine 1978 wieder näher auf das Käpfle ein. In Rahmen einer Studie zu Wehranlagen zwischen junger Donau und westlichem Bodensee stellte er die ältere Literatur zusammen und legte mit einer erstmaligen groben topographischen Aufnahme (Abb. 12) und einer kurzen Beschreibung der Befestigung die Grundlagen der weiteren Beschäftigung hiermit.[71] Er verwies auch auf die festgestellten Wohnpodien und hielt mit Stoll eine hallstattzeitliche Errichtung für möglich.

Jörg Biel gab 1987 eine kurze Beschreibung des Käpfles und verwies auf die Podien am Nordhang, die er, wie schon Stoll, ebenfalls als terrassierte Hüttenstellen deutete. In den wenigen von ihm dort aufgelesenen „Scherben vorgeschichtlicher Machart“ sah er jedoch keinen Hinweis zur Datierung von Siedlung und Befestigung.[72] Einen zu kultischen Zwecken aufgesuchten Platz vermutete 1989 Hans-Dieter Lehmann, der am Käpfle Anzeichen für „das ältere alamannische Heidentum“ sah.[73] 1994 nahm Hartmann Reim auf dem Käpfle einen hallstattzeitlichen Herrensitz oder eine befestigte Höhensiedlung an.[74] Zuletzt erwog Günter Wieland im Zuge der Bearbeitung entsprechender Funde und Befunde vom Hägelesberg bei Urspring ebenfalls die Deutung des Käpfles als Kultplatz, als Felsen- oder Höhenheiligtum.[75]

70 Genzmer, Kunstdenkmäler 484. – R. Seigel, Aus der Geschichte des Kreisgebietes. In: K. Theiß/H. Baumhauer (Hrsg.), Der Kreis Sigmaringen. Heimat und Arbeit (Aalen, Stuttgart 1963) 57ff. 62. – J. Jerg, Vor- und Frühgeschichte 28.
71 Heine, Wehranlagen 52 Abb. 19.
72 Biel, Höhensiedlungen 224f. Die Funde werden im Württembergischen Landesmuseum, Stuttgart, aufbewahrt.
73 D. Lehmann in: Hohenzoll. Heimat 39, 1989, 41f.
74 Reim, Besiedlung 60.
75 D. Müller/G. Wieland, Der Hägelesberg bei Urspring, Gemeinde Lonsee, und die Wallanlagen bei Breitingen und Holzkirch (Alb-Donau-Kreis). Atlas Arch. Geländedenkm. Baden-Württemberg 2. Vor- u. Frühgesch. Befestigungen 13 (Stuttgart 2005) 46.

Abb. 13 Käpfle, Geländeprofil von der westlichen Gipfelkuppe etwa in der Falllinie durch die Befestigungen am Nordhang geführt. M. 1:1000, zweifach überhöht.

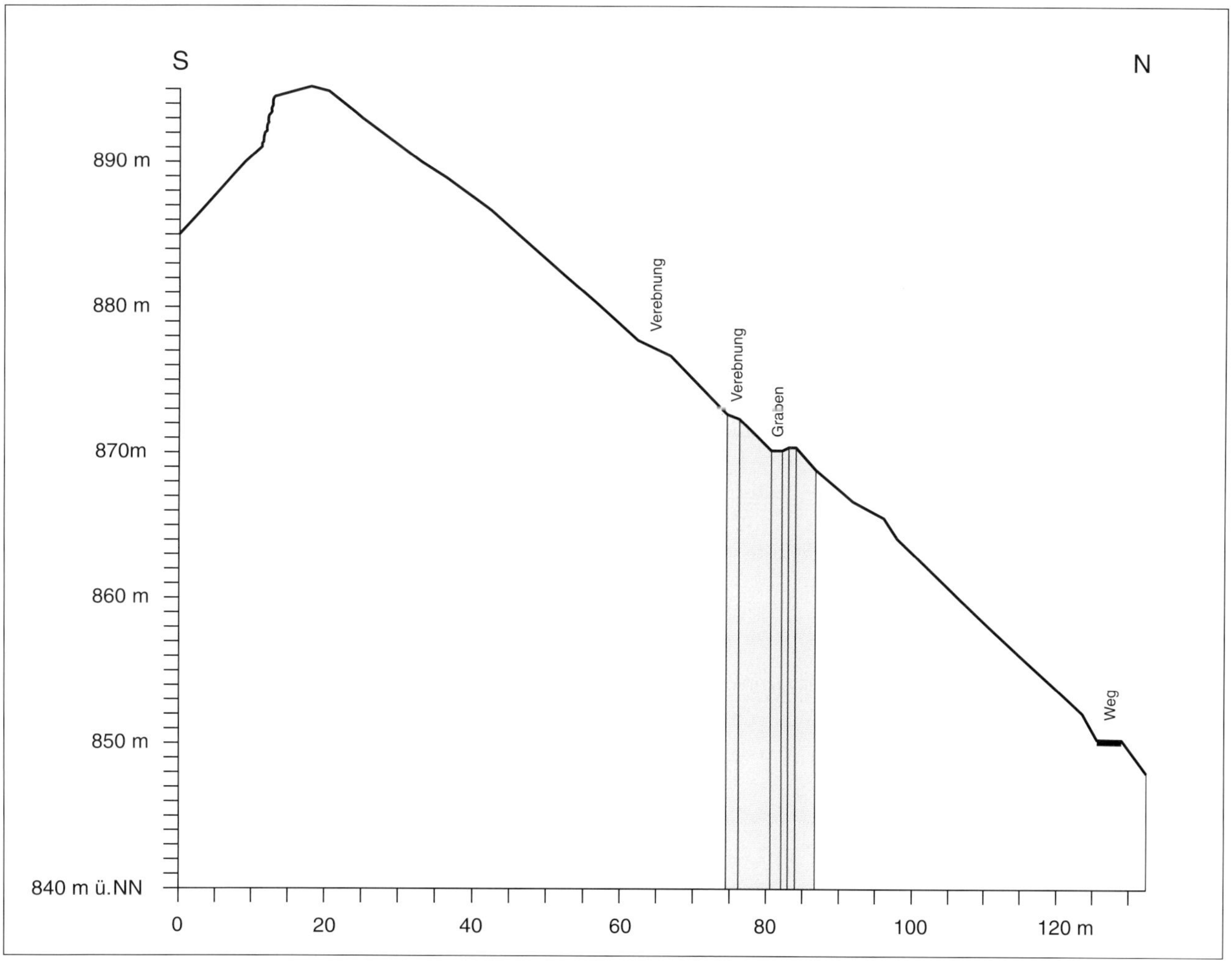

Abb. 14 Käpfle, Blick nach Osten über den Grabenabschnitt am Westhang. Am unteren Bildrand ist der schmale Geländesteg zu erkennen, der zwischen Grabenkopf und Hangkante stehen geblieben ist (Aufnahme 2005).

In topographische Kartenwerke hat die Anlage auf dem Käpfle keinen Eingang gefunden. 1983 wurde sie für den „Atlas archäologischer Geländedenkmäler in Baden-Württemberg" durch Dipl.-Ing. (FH) Harald Bauer aufgemessen (Beilage 2).[76]

Beschreibung

Auf etwa halber Höhe zwischen Sattel und Gipfel zieht über den mit knapp 25° Gefälle hier nicht allzu steilen Nordhang des Käpfles eine 65 m lange Abschnittsbefestigung mit drei unterschiedlich ausgeprägten Abschnitten. Bergwärts folgen parallel dazu mehrere Böschungen und Verebnungen, die in unterschiedlicher Form wohl zur Sicherung des Hanges beigetragen haben (vgl. im Folgenden Beilage 2 und Abb. 13).

Die untere Abschnittsbefestigung setzt gegen Westen, eine schmale Lücke belassend, an einer hier die Hangkante bildenden, um 4 m hohen Felsstufe an, gegen Osten läuft sie bis an den hier ebenfalls mit einer niedrigen Felsstufe ansetzenden, danach merklich steiler werdenden Osthang heran. Bemerkenswerterweise besteht sie aus drei zumindest heutzutage unterschiedlichen Abschnitten, die möglicherweise verschiedene Baustadien darstellen. Der Anschluss an die Felsstufe im Westhang ist wohl gezielt gesucht worden. Die Linie hätte aber auch um etwa zehn Höhenmeter tiefer mit gleichem Ergebnis angelegt werden können, da hier die Felsstufe bergwärts ansetzt. Insgesamt wird eine etwa 0,5 ha große Fläche geschützt, berechnet innerhalb der Linie entlang dem unteren Wallgraben am Nordhang, der Felsstufe am Osthang und dem Podium an der Südostecke des Berges schräg zum westlichen Gipfel hinauf.

Der erste Abschnitt zeigt am Westhang auf gut 25 m Länge einen um 1 m hohen Wall, der innen (bergwärts) von einem Graben begleitet wird (Abb. 14). Nach Osten zunehmend flacher werdend gehen Wall und Graben in einen zweiten, etwa 15 m langen Abschnitt über, der als etwa 2 m breiter Absatz (Verebnung) mit lediglich bergwärtig klar erkennbarer Böschung ausgebildet ist (Abb. 15). Hieran schließt, durch eine flache Stufe markiert, der letzte, etwa 25 m lange Abschnitt an, der eine wannenartige, flache Mulde zeigt, welcher nach außen (talwärts) noch ein flauer Wall vorgelagert ist (Abb. 16). Sie ist kaum merklich eingetieft und geht nach etwa 12 m Länge in eine um 2 m breite Verebnung über, die bergwärts und talwärts klare Böschungen aufweist. Gegen den Osthang hin läuft sie ohne klaren Abschluss spitz aus. Hier hat man den Eindruck, als bestehe zum Steilhang hin eine schmale, maximal um 2 m breite Lücke, die möglicherweise von einem wenig bergwärts als flaue, zwischen 2 und 3,5 m breite Trasse in Erscheinung tretenden, mutmaßlichen Weg genutzt worden ist. Die bandförmige Trasse zieht unmittelbar an der östlichen Hangkante entlang bis fast auf den Gipfel hinauf, verliert sich jedoch oberhalb der Höhenlinie bei 682 m ü. NN im Gelände. Talwärts endet sie an der unteren der beiden Verebnungen, ohne dass ein Anschluss oder eine Fortführung erkennbar wären. Ein weiterer Zugang könnte jedoch am Westhang gelegen haben. Dort sind Wall und Graben zuletzt scharf abgewinkelt und enden mit klarem Abschluss (Grabenkopf). Bis zur Hangkante verblieb hierbei ein etwa 1,5 m breiter Steg, der durchaus auch als alter Zugang zur Innenfläche gedient haben könnte (vgl. Abb. 14). Die Ursache dieses Hakens ist nicht nachzuvollziehen, jedenfalls nicht durch das Gelände bedingt, könnte also mit dem Zugang in unbekannter Weise zusammenhängen.

Festzuhalten bleibt, dass alle drei Abschnitte dieser talwärtigen Linie ohne klaren Bruch ineinander überge-

76 Leitung und Betreuung oblagen Dipl.-Ing. (FH) Dieter Müller, Landesamt für Denkmalpflege. Die Reinzeichnung des Planes wird G. M. Horn (LfD) verdankt, die Ausarbeitung dem geographischen Büro Günter Müller, Waldbronn.

Abb. 15 Käpfle, Blick nach Westen über den mittleren Abschnitt der talwärtigen Linie, der als Verebnung hervortritt und zum Westhang hin in den Graben übergeht (Aufnahme 2005).

Abb. 16 Käpfle, Blick nach Westen über den wannenartigen Abschnitt am Osthang (Aufnahme 2005).

Abb. 17 Käpfle, die Gipfelfläche des Käpfles, Blick nach Westen (Aufnahme 2005).

hen und somit zeitgleich errichtet zu sein scheinen. Der mittlere Absatz stellt insofern ein gewisses Zwischenstadium zwischen der breiten, muldenartigen Verebnung im Osten und dem steilwandig eingetieften Graben im Westen dar. Man gewinnt den Eindruck, als seien hier drei verschiedene Baustadien vorhanden, deren Ziel das Herstellen eines talwärts ausgerichteten Walles mit einem notwendigerweise innen liegenden Materialgraben war, wie es am westlichen Abschnitt wahrscheinlich schon weitgehend fertig gestellt worden war. Ob dieser Linie tatsächlich fortifikatorischen Zwecken im engeren Sinne diente oder eher eine Abgrenzung im weiteren Sinne darstellte, muss offen bleiben.

Oberhalb dieser Befestigungslinie tritt insbesondere über dem mittleren Abschnitt auf etwa 25 m Länge eine weitere, nur bis zu 1 m breite und recht ungleichmäßig ausgebildete Verebnung hervor. Sie verläuft sich sowohl gegen den West- wie auch den Osthang hin im Gelände ohne klaren Abschluss. Das hierbei abgetragene Material kam auf der talwärtigen Böschung zu Liegen und hat allem Anschein nach den mittleren Abschnitt stellenweise noch etwas überschüttet. Die Funktion dieser bermenartigen Verebnung ist nicht zu erschließen, möglicherweise stellt sie ein früheres Baustadium dar.

Bergwärts queren zwei weitere Verebnungen den Hang, eine erste um vier bis fünf Höhenmeter darüber, die zweite knapp weitere 2 m Höhenmeter darüber. Beide sind im Hang bandförmig abgegraben, die talwärtige Kante ist an mehreren Stellen mit Steinen überschüttet. Klare Böschungen sind nicht auszumachen, lediglich die Konturen zeichnen sich in deutlichen Kanten ab. Beide sind in der Breite auffallend ungleichmäßig zwischen knapp 2 m bis etwa 7 m, und beide fallen einerseits zum Tal hin ab, sind andererseits auch innerhalb ihres Verlaufes keineswegs waagrecht. Ob es sich um Siedlungsterrassen oder weitere Befestigungselemente handelt, ist nicht sicher zu klären.

Die untere Verebnung ist insbesondere im östlichen Teil mit 5 m recht breit und nahezu eben, wenngleich sie wenig talwärts abfällt. Zum Westhang hin wird sie zusehends schmaler und abgeschrägt, zeigt aber dennoch durchgehend klare Kanten und deutliche Böschungen. Bevor sie eine weitere Felsstufe am Westhang erreicht, verbreitert sie sich wieder mit jetzt deutlicherer Kontur und scheint – nach innen einziehend – so angelegt worden zu sein, dass an der Hangkante ein klarer Abschluss entstand.

Am Westhang ist knapp zwei Höhenmeter über dieser Verebnung eine weitere, podiumartige Abgrabung im

Hang festzustellen. Sie ist etwa 25 m lang und bis zu 6 m breit und fällt talwärts leicht ab. Gegen Osten schließt unmittelbar eine weitere Verebnung an, die allerdings zum Westhang hin immer flauer wird, zudem schräg den Hang hinabläuft. Sie ist um 3 bis 4 m breit, zeigt wenig klare Kanten und dürfte durch das Podium am Westhang überlagert worden sein. Festzuhalten bleibt somit eine aus drei Abschnitten bestehende talwärtige Linie, darüber zwei den Hang querende Verebnungen, sowie eine nur über 25 m Länge hervortretende Abgrabungen.

Der Gipfelrücken des Käpfles ist offenbar zwischen den beiden flachen Felshöckern am östlichen und westlichen Ende auf gut 10 m Länge und etwa 2,5 Breite geringfügig planiert worden (Abb. 17). Ziel war es wohl, hier eine annähernd ebene Fläche zu erhalten, doch sind sichere Aussagen weder über den Umfang noch über den Zeitpunkt der vorgenommenen Veränderungen zu machen. Vieles spricht aber dafür, dass die Planierung des Gipfels mit den Wallanlagen in Zusammenhang steht. Auffällig ist dabei, dass auch auf dem Gipfel selber etliche kleinstückige Keramikscherben gefunden wurden, darunter eine sicher in die Hallstattzeit datierbare Randscherbe, während auf und um die Podien wider Erwarten nur vereinzelte Scherben aufgelesen werden konnten.

Podien/Terrassen

Immer wieder sind in vor- und frühgeschichtlichen Anlagen Podien zu beobachten, also kleinere Verebnungen, die nahezu waagrecht in den Hang eingegraben worden sind. Auch am Käpfle sind etwa fünf bis acht Höhenmeter über der oberen Verebnung – knapp 10 m unter dem Gipfel des Berges – am Nordhang fünf Podien vorhanden, die Ost-West gereiht grob auf einer Höhe liegen. An der südöstlichen Spitze, ein gutes Stück entfernt und auch merklich tiefer im Hang, liegt direkt über dem Steilhang ein weiteres Podium, deutlich das größte und mit klaren Konturen. Die festgestellten Befunde gleichen den Podien andernorts, die in der Regel als Hüttenstellen oder Ähnliches gedeutet werden.[77] Aufgrund der am Käpfle nur sehr spärlichen Funde sind diese hier eher als nur kurzfristig und nicht über einen längeren Zeitraum hinweg kontinuierlich belegte Standorte für Gebäude anzusehen.

77 Vgl. allg. dazu D. Müller in: R.-H. Behrends/Müller, Die Befestigungen auf dem Heiligenberg bei Heidelberg. Atlas Arch. Geländedenkmäler Baden-Württemberg 2. Vor- u. Frühgesch. Befestigungen 5 (Stuttgart 2002) 87 ff. – Einen Überblick über Podien/Terrassen vornehmlich der Bronzezeit geben auch R. u. D. Rademacher, Der Veitsberg bei Ravensburg. Forsch. u. Ber. Arch. Mittelalter Baden-Württemberg 16 (Stuttgart 1993) 23 ff.

Abb. 18 Käpfle, das große Podium am Südhang. Gut zu erkennen sind die klaren Konturen und die plane Sohle (Aufnahme 2005).

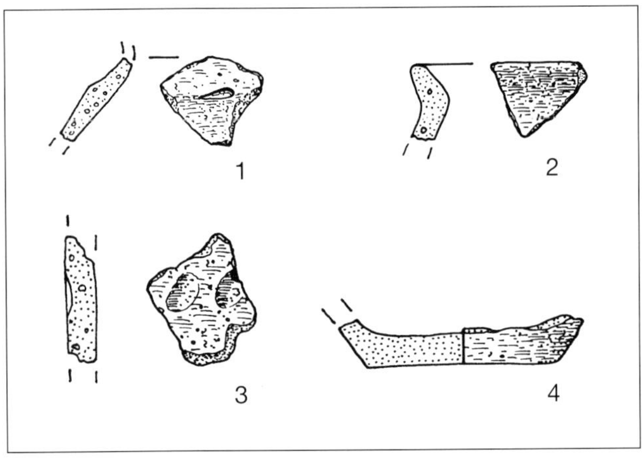

Abb. 19 Käpfle, aufgelesene Keramikscherben von einem Podium am Nordhang (1) und vom Gipfel (2–4). M. 1:2.

1 Großes Podium an der Südostecke der Gipfelkuppe (zur Nummerierung vgl. Beilage 2), knapp 20 m Länge und maximal 6 m Breite (Tiefe), fast eben in die flache Hangschulter gegraben, scharfe Kanten. Nach Osten hin schließt zu einem kleinen Felsblock ein Streifen verebnetes Gelände an, der unmittelbar am Felsfuß einzieht. Offenbar setzt eine weitere schmale Verebnung an, die ein kleines Stück den Hang zu einer Felsstufe hinaufzieht (Abb. 18).

2 Unmittelbar nach Südwesten angesetzt kleines Podium, etwa 4 m auf 3 m, durch Stufe etwas tiefer abgesetzt, wirkt nachträglich abgegraben, scharfe Kanten.

3 Kleines Podium am Osthang, etwa 10 m auf 5 m, flaue Konturen, talwärtige Kante kaum sichtbar, unebene Fläche.

4 Podium am Westhang, 15 m auf 5 m, flaue Konturen, talwärtige Kante kaum sichtbar, recht ebene Fläche.

5 Nach Westen unmittelbar anschließendes Podium mit klaren Konturen, scharfe talwärtige Kante, 15 m auf 5 m, Fläche leicht abfallend.

6 Nach Westen anschließendes Podium, 15 m auf 6 m, relativ klare Konturen und scharfe Kanten, nahezu ebene Fläche.

7 Nach Westen anschließendes kleines Podium (Abgrabung), knapp 5 m auf 1,5 m, abfallende Fläche, im Fels abgegraben.

Archäologische Untersuchungen

An der Wallanlage auf dem Käpfle wie auch der Innenfläche haben bislang keine archäologischen Untersuchungen stattgefunden. Das heutige äußere Erscheinungsbild lässt keine begründeten Aussagen zu Aufbau und antiker baulicher Gestalt der Befestigung am Hang zu. Der von Stoll angeführte „Wall aus Kalkblöcken" sowie die „verstürzte Trockenmauer" konnten im Gelände nicht festgestellt werden.

Archäologische Funde

„Scherben vorgeschichtlicher Machart" barg 1968 J. Biel auf dem Käpfle,[78] weitere Keramikscherben hatte bereits H. Stoll 1935 in einem Podium am Nordosthang festgestellt, etwa 10 m unter dem Gipfel gelegen. Er hat sie als hallstattzeitlich bezeichnet; ihr Verbleib ist allerdings unbekannt.[79]

1985 wurden auf dem höchsten Punkt der Kuppe im Zuge der Vermessungsarbeiten durch D. Müller und H. Baur zahlreiche Keramikscherben aufgelesen.[80] Es sind zumeist kleinstückige Wandscherben vorgeschichtlicher Machart und braun-rötlicher Farbe mit bisweilen dunklem Kern. Hervorzuheben sind die Randscherbe wohl eines Kegelhalsgefäßes (Nr. 2), die kleine Randscherbe wohl eines Schälchens mit leicht abgestrichenem Rand, eine Wandscherbe aus der Schulter eines gröberen Gefäßes mit Fingertupfenreihe (Nr. 3) sowie eine Bodenscherbe (Nr. 4).

Uwe Frank konnte 2003 auf den Podien am Osthang und in der südöstlichen Ecke mehrere kleine Wandscherben vorgeschichtlicher Machart aus rötlich braunem Ton auflesen. Näher bestimmbar ist lediglich das Schulterstück eines im Bereich einer schwachen Leiste mit Keilstichen verzierten Gefäßes (Nr. 1).[81] Weitere Funde – offenbar wenige vorgeschichtliche Scherben – sind nicht datierbar oder nicht mehr greifbar.[82]

Die geborgene Keramik scheint der Machart zufolge in den Zeitraum jüngere Urnenfelderzeit bis frühe Latènezeit zu gehören. Sicherer datieren lässt sich lediglich die Randscherbe eines Kegelhalsgefäßes (2), die in die wohl ältere Hallstattzeit gehört, was vorläufig zwanglos auch für die anderen Funde gelten mag.

Funde (Abb. 19)

1 Wandscherbe eines Gefäßes mit Leiste, darauf Keilstiche; Ton hellbraun-rötlich, mittelfein gemagert (Quarzsand).

2 Randscherbe wohl eines kleinen Kegelhals- oder Hochhalsgefäßes, ehemals wohl graphitiert; Ton rötlich braun, fein gemagert.

3 Wandscherbe eines Gefäßes mit Fingertupfenreihe; Ton rötlich braun, fein gemagert.

4 Bodenscherbe eines nicht näher bestimmbaren Gefäßes, Dm. ca. 5 cm; Ton dunkelbraun, fein gemagert.

---

78 Die Funde werden im Württembergischen Landesmuseum, Stuttgart, aufbewahrt.

79 Vgl. Forschungsgeschichte. – Ortsakten des Referates 25, Denkmalpflege, am Regierungspräsidium Tübingen.

80 Die Funde werden derzeit im Referat Denkmalpflege am Regierungspräsidium Tübingen aufbewahrt.

81 Die Funde werden derzeit im Referat Denkmalpflege am Regierungspräsidium Tübingen aufbewahrt.

82 Freundlicher Hinweis G. Wieland, Regierungspräsidium Karlsruhe, Referat Denkmalpflege; vgl. dazu auch Müller/Wieland (Anm. 75) 46.

Der Bandfels bei Leibertingen

2,15 km nordnordwestlich der Pfarrkirche St. Peter und Paul von Leibertingen, im Privatwald Graf Douglas Prinz zu Fürstenberg, Abteilung Wildensteiner Wald.
Höhe 805 m ü. NN (Plateau)
R = ^{35}00,17 H = ^{53}24,59[83]
Topographische Karte 1:25 000 Blatt 7920
DGK 1:5000 Blatt 7920.11

Literatur

H. Jantschke/G. Wieland, Fundber. Baden-Württemberg 26, 2002, 130 f.

Lage

Von der um 830 m ü. NN liegenden Hochfläche nördlich Leibertingen und Lengenfeld ragt der um 800 m ü. NN gelegene Bandfels als spitz zulaufender Vorsprung markant in das Donautal hinein. Die Massenkalke des oberen Juras bilden insbesondere am südwestlichen Hang teils geschlossene und bis zu 40 m hohe Felswände, die wenige kleinere Auskolkungen und Höhlen aufweisen, der steil abfallende Nordhang ist nahezu felsfrei. Charakteristisch und namengebend ist ein Band aus Glaukonit, das als schmale Leiste die südliche Felswand deutlich gliedert. Mit annähernd 200 m Höhenunterschied überragt das Plateau den Talgrund und bildet den östlichen Rand einer nach Süden ausgreifenden Talschlinge der Donau um das Käpfle herum (Abb. 20 und 21).[84] An der engsten und hierfür günstigsten Stelle des Bergrückens sichert – zwischen zwei kleineren Felsvorsprüngen am Südhang angelegt – eine Abschnittsbefestigung aus Wall und Graben den Zugang zum nicht allzu großen, leicht zur Spitze hin abfallenden Felsplateau.
Der Geländevorsprung mit dem Bandfels an der Spitze liegt zwischen einer im Südwesten in steilwandig aufragende Felsen tief eingeschnittenen Seitenschlucht (Dobelhalde), die unmittelbar gegen die benachbarte Felsgruppe mit der Burg Wildenstein trennt, und einer kurzen, trocken gefallenen Talkerbe im Nordosten.

83 Die Koordinaten im Gauß-Krüger-System beziehen sich auf den Schwerpunkt der geschützten Fläche.
84 Hahn (Anm. 19).

Abb. 20 Blick nach Nordosten auf den Bandfels (links der Bildmitte). Gut zu erkennen sind die als bandförmiger Absatz im Felsen ausgeprägte, namengebende Glaukonitbank sowie die spitz zulaufende, an der engsten Stelle durch Wall und Graben gesicherte Innenfläche. Am rechten Bildrand Burg Wildenstein, über dem Bandfels Schloss Werenwag. Luftbildaufnahme O. Braasch vom 19.12.1992.

Abb. 21 Blick nach Osten über das Donautal auf den Bandfels. Gut zu erkennen ist der asymmetrische Aufbau mit der Felswand gegen Süden und dem steilen, bewaldeten Gleithang im Norden (Aufnahme 2005).

Über annähernd 500 m Länge zieht er als spitz zulaufender, zunehmend rundlicher Rücken aus der flachwelligen Hochfläche gegen Nordwesten hinaus. Der Nordhang geht mit abgerundeter Schulter steil in die Talkerbe Richtung Donau hinab, ist hierbei aber immer noch deutlich flacher als der sich aus teils hohen Felsgruppen mit nahezu senkrechten Wänden aufbauende Südwesthang.

Etwa 20 m vor dem Abschnittswall fällt dabei an der nördlichen Hangschulter eine podiumartige Verebnung auf, die künstlich geschaffen erscheint. Zahlreiche weitere, wenn auch kleinere und flauere Absätze und Stufen im Nordhang dürften jedoch auf natürliche Weise entstanden sein. Das weitere Außengelände zeigt unter weitläufigen Fichtenaufforstungen zahlreiche Steinhügel und -riegel, die von der ehemaligen, ab dem späteren 19. Jahrhundert sukzessiv aufgegebenen landwirtschaftlichen Nutzung (Ackerbau) zeugen.[85]

Das geschützte Plateau des Bandfels zeigt eine stufig abfallende Fläche, ist um 20 bis 30 m breit und weist zahlreiche Einbuchtungen auf. Augenfällig ist die gute Sichtverbindung von der Spitze zum annähernd 100 m tiefer gelegenen Käpfle im Tal sowie nach Südwesten über die etwas zurückgezogene, von der Burg Wildenstein bekrönte Felsgruppe zum ebenfalls weit vorspringenden Altstadtfels. Gegen die fast durchweg als geschlossene Felswand abfallende Südseite und die westliche Spitze zeigen sich zahlreiche Stufen und terrassenartige Nischen; ein Aufstieg vom Tal her ist hier nahezu unmöglich. Der Osthang geht hingegen erst zur Spitze hin in eine Felswand über, zuvor markieren kleinere Felsbrocken den Übergang vom Plateau zum kaum begehbaren, nur vereinzelt mit kleineren Felsgruppen durchsetzten, sehr steilen Hang.

Über dem anstehenden Fels hat sich eine nur sehr flachgründige Rendzina vom Typ des Waldhumus entwickelt. Ältere und tiefgründige Bodenentwicklungen fehlen nahezu ganz. Auf dem Plateau stockt über Trockenrasen, der typischen Felskopfvegetation, ein lichter und alt gewachsener Laubwald vorwiegend aus Buchen, dazwischen Kiefern und Fichten. Fließendes Wasser gibt es auf der Hochfläche um den Bandfels nicht, möglicherweise hat aber in früherer Zeit der östlich gelegene Talabschnitt noch sporadisch Wasser geführt oder zwischenzeitlich trocken gefallene Quellen besessen.

85 Gemarkungsatlas Leibertingen, Band Wildenstein, aufgenommen 1871–74. Herrn Diesch, Landratsamt Sigmaringen, Fachbereich Vermessung in Bad Saulgau, sei für die Möglichkeit zur Einsichtnahme gedankt.

Die am Osthang des Bandfels in einer Talkerbe den Hang schräg und recht steil hochziehende Bandsteige ist als älterer Verbindung von Leibertingen ins Donautal nur lokale Bedeutung zuzugestehen. Im 19. Jahrhundert ist sie durch die neue Donausteige vom Donauhof nach Wildenstein hinauf abgelöst worden.

Forschungsgeschichte

Angesichts der exponierten Lage in einem viel begangenen Wandergebiet blieb die gut sichtbare Wallanlage auf dem Bandfels erstaunlich lange unerkannt. Aktenkundig erfasst wurde sie erstmals im Frühjahr 1988 bei einer Begehung durch Dieter Müller. Im Sommer desselben Jahres gingen, unabhängig voneinander, zwei weitere diesbezügliche Fundmeldungen zum Bandfels beim Landesdenkmalamt Baden-Württemberg ein.[86]
Der erste und bislang auch einzige Hinweis in der Literatur auf die Anlage findet sich 2002 in einem kurzen Bericht anlässlich des Fundes eines römerzeitlichen Bronzekessels in einer kleinen Höhle am Bandfels. Dabei wurde die Wallanlage als „undatierte Abschnittsbefestigung" bezeichnet, ein möglicher Zusammenhang mit dem Versteckfund aus römischer Zeit am Rande erwogen.[87]
In topographische Kartenwerke hat die Anlage auf dem Bandfels keinen Eingang gefunden. Im Sommer 2005 wurde sie für den „Atlas archäologischer Geländedenkmäler in Baden-Württemberg" durch Dipl-Ing. (FH) G. Würl aufgemessen (Beilage 3).[88]

Abb. 22 Systemskizze zur Reflexion der Laserimpulse. Die vom Boden reflektierten Signale haben die größte Laufzeit und werden als letzte Echos (last echos) bezeichnet, die vom Gebäude und Baum als erste Echos (first echos). Die letzten Echos ergeben ein Geländemodell, aus den ersten Echos wird ein Oberflächenmodell abgeleitet. Nach R. Katzenbeisser/ S. Kurz.

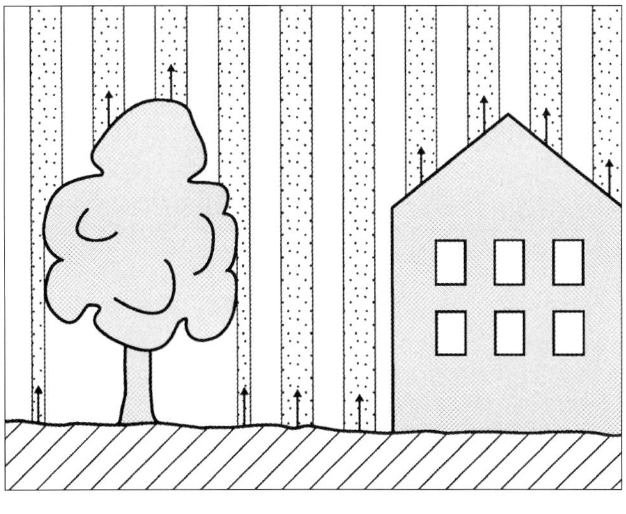

Bemerkungen zur topographischen Aufnahme des Bandfelsens

Archäologische Geländedenkmäler werden im Rahmen des Atlasprojekts meist mit Methoden der klassischen Tachymetrie vermessen, so etwa die in diesem Heft vorgestellten Anlagen Käpfle, Tiergärtle, Hünaburg und Remser Holz. Das Gelände und die Anlagen selbst werden hierbei mit elektronischen Vermessungsinstrumenten in ihren charakteristischen Linien und Punkten, wie Böschungs- und Geländekanten und Hoch-, Tief- und Sattelpunkten, erfasst. Gegebenenfalls kommen auch photogrammetrische Verfahren zur Anwendung, wobei in diesen Fällen die Anlagen beflogen und die dabei gewonnenen Luftbilder stereoskopisch ausgewertet werden, wie beispielsweise am Altstadtfels.
Beim Bandfels, der wie der Altstadtfels überaus hohe und schroffe Felsen aufweist (vgl. Abb. 20 und 21) und damit für eine direkte Messung nur eingeschränkt geeignet ist, kam ein relativ neues Verfahren, das *Airborne Laserscanning*, in Kombination mit der klassischen, tachymetrischen Vermessung zum Zuge.
Das Prinzip der Airborne-Laser-Messung besteht darin, dass von einem Messflugzeug gepulste Laser ausgesandt werden, die von der Erdoberfläche, der Vegetation und von Bauwerken aller Art reflektiert und deren Laufzeit und räumliche Winkel gemessen werden. Bei kontinuierlich bekannter Position des Messflugzeugs, die permanent durch GPS (Globales Positionierungssystem über Satelliten) ermittelt wird, können die dreidimensionalen Koordinaten der so gemessenen Punkte berechnet und aus der gewonnenen „Punktwolke" ein digitales Geländemodell erzeugt werden. Die Genauigkeit des Messverfahrens hängt, neben der technischen Perfektion des Systems, vom Abstand der gemessenen (reflektierten) Bodenpunkte ab – für topographische Anwendungen liegt er bei maßstabsabhängigen und zweckbedingten 1,5 bis 0,25 m – und der Qualität der „Herausfilterung" der Vegetation. Die Filterverfahren

86 Berichte in den Akten des Landesamtes für Denkmalpflege sowie der archäologischen Denkmalpflege am Regierungspräsidium Tübingen. Die Fundmeldungen stammen von Thomas Pollmann und Frank Urban.

87 H. Jantschke/G. Wieland, Fundber. Baden-Württemberg 26, 2002, 130f.

88 Die topographische Aufnahme der Wallanlage, des Innenraums und der unmittelbaren Umgebung führte im April 2005 Dipl.-Ing. (FH) Gerhard Würl im Auftrag des Landesamts für Denkmalpflege Baden-Württemberg aus. Leitung und Betreuung oblagen Dipl.-Ing. (FH) Dieter Müller, Landesamt für Denkmalpflege. Die Hangbereiche und Felsen wurden aus den Laserscandaten des Landesvermessungsamtes Baden-Württemberg generiert (Bearbeitung: Manfred Gültlinger und Petra Zollinger). Graphische Bearbeitung und Herstellung der Druckvorlagen durch das geoGraphische Büro Günter Müller, Waldbronn.

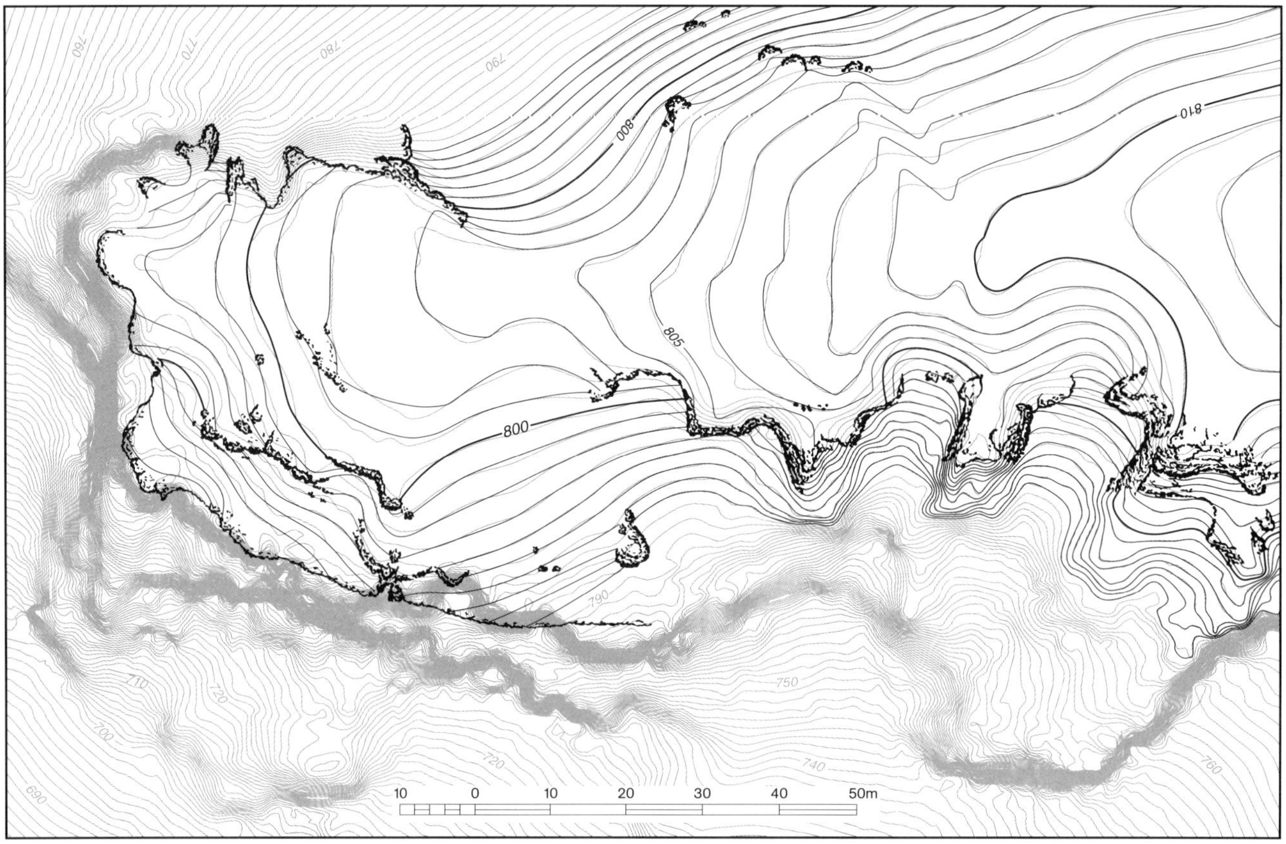

Abb. 23 Bandfels, Überlagerung von manuell aufgenommenem (schwarz) und aus Laserscandaten gewonnenem Plan (grau). M. 1:1000. Auffallend sind die Abweichungen im Wall-Graben-Bereich und an den Felskanten im Süden.

gehen von dem Grundsatz aus, dass das letzte Echo wahrscheinlich dem Bodenpunkt entspricht, die ersten Echos dagegen von Bäumen, Gebäuden oder Ähnlichem reflektiert worden sind (Abb. 22). Dementsprechend ergeben, vereinfacht gesprochen, die ersten Echos ein Oberflächenmodell, die letzten Echos hingegen ein Geländemodell.[89] Aus dem Geländemodell können weitere Modelle abgeleitet werden, z. B. ein Höhenlinienplan oder ein Reliefbild.

Der Laserscanvermessung des Bandfelsens liegen Daten zugrunde, die einer vom Landesvermessungsamt Baden-Württemberg in Auftrag gegebenen Befliegung (in laubloser Zeit) und dem daraus entwickelten Digitalen Geländemodell entstammen. Aus den gemessenen Punkten, deren Abstand im Idealfall etwa bei 1,5 m liegt, wurde ein Gittermodell mit einer Maschenweite von 1 m abgeleitet, das als Grundlage für die Konstruktion eines Höhenlinienplanes mit einer Äquidistanz von 1 m diente.[90]

Die Hochfläche einschließlich der Wall-Graben-Anlage wurde zusätzlich manuell aufgenommen, der daraus entstandene topographische Plan mit der Laserscanauswertung verglichen und kombiniert (Beilage 3). Während in morphologisch ausgeglichenem und vegetationsbedingt eher unproblematischem Gelände, also am Nordhang, der überwiegend mit Laubbäumen bewachsen ist, und auf der Hochfläche, die meist nur lockeren Baumbewuchs trägt, eine beeindruckende Übereinstimmung zwischen den Ergebnissen der beiden Messverfahren besteht, traten in anderen Geländeteilen, die dicht bewachsen oder felsig sind, teilweise auffallende Abweichungen hervor. Sie sollen hier kurz angesprochen werden (Abb. 23):

89 Zur Methode: R. Katzenbeisser/S. Kurz, Airborne Laser-Scanning, ein Vergleich mit terrestrischer Vermessung und Photogrammetrie. Photogrammetrie, Fernerkundung, Geoinf. 3, 2004, 179 ff. – Karl Kraus, Photogrammetrie Bd. 1 Geometrische Informationen aus Photographien und Laserscanneraufnahmen[7] (Berlin New York 2004). – B. Sittler/K. Hauger, Das Laserscanning im Dienste der Kulturlandschaftsforschung am Beispiel der unter Wald fossilierten Wölbäcker von Rastatt. In: In: V. Denzer/J. Hasse/K.-D. Kleefeld/U. Recker (Hrsg.), Kulturlandschaft: Wahrnehmung – Inventarisation – Regionale Beispiele. Fundber. Hessen Beih. 4 (Wiesbaden 2005) 229 ff. – J. Lindenberger, 15 Jahre Erfahrung mit Laserscanning in der Paxis. In: E. Gülch/J. Hepperle (Hrsg.), Photogrammetrie und Fernerkundung. Veröff. Hochschule für Technik Stuttgart 78 (Stuttgart 2006).

90 M. Gültlinger/A. Schleyer/M. Spohrer, Flächendeckendes, sehr genaues DGM von Baden-Württemberg. Mitt. Ver. Vermessungswesen, Landesverw. Baden-Württemberg e. V. 48, 2001/2, 63 ff.

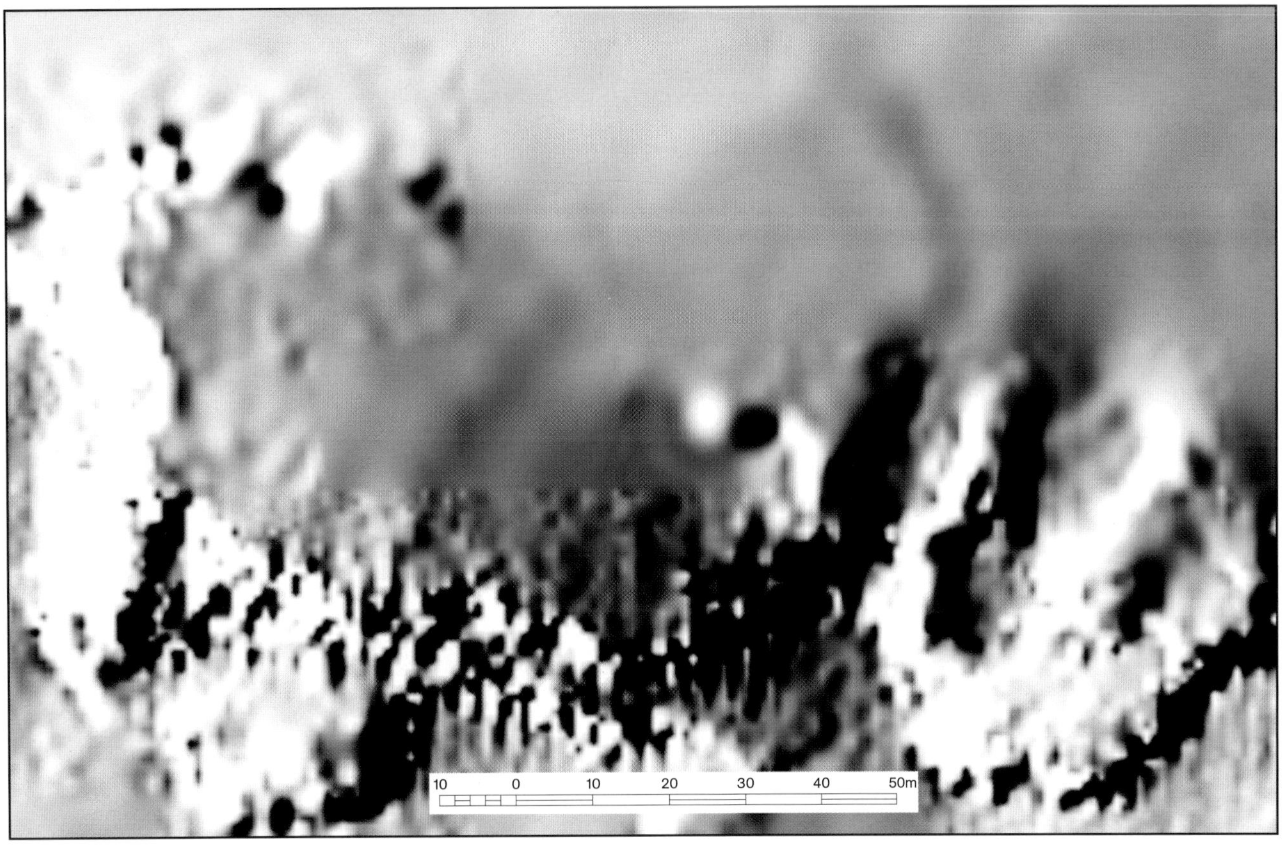

Abb. 24 Bandfels, Reliefplan. M. 1:1000.

– Die Konturen von Wall und Graben sind im durch Laserscanning gewonnenen Höhenlinienbild deutlich weniger stark ausgeprägt als im manuell aufgenommenen.
– Einige wichtige Details sind weder im Höhenlinienbild noch im Reliefbild erkennbar (Abb. 24), so etwa die Felskante am Nordende des Walles, die sicher für dessen Lage und Verlauf bestimmend war und einen wichtigen Hinweis auf die Konzeption der Befestigungslinie gibt.
– Die Felsabbrüche im Süden und in geringerem Maße an West- und Nordseite weichen lage- und höhenmäßig stark von der manuellen Aufnahme ab, wobei der durch Laserscanning ermittelte Abbruch meist zu weit innen liegt. Der Lagefehler beträgt maximal rund 7 m, der Höhenfehler erreicht einen Höchstwert von über 20 m.

Die angesprochenen Abweichungen sind im Wesentlichen auf zwei Ursachen zurückzuführen: auf die unzureichende Punktdichte und die Herausfilterung der Punkte, die nicht die Geländeoberfläche repräsentieren. Flaue Konturen, wie auch das Fehlen kleinerer Geländeformen sind ein charakteristischer Hinweis auf zu große Punktabstände, die, wie erwähnt, ursprünglich bei etwa 1,5 m liegen, aber durch vegetationsbedingtes Eliminieren von gemessenen Punkten häufig größere Werte annehmen. Zudem wird das Gelände durch Punkte erfasst, deren Lage rein zufällig ist, im Gegensatz zur manuellen Aufnahme, bei der gezielt charakteristische Punkte und Kanten (z. B. Wallkrone, Böschungsfuß usw.) aufgenommen werden. Die Eliminierung der Vegetationspunkte ist aber auch Grund für die sehr großen Abweichungen an den Felskanten. Hier gelingt es dem automatisierten Filterverfahren offensichtlich nicht die Vegetation (in diesem Falle die Bäume) und die Felskanten zweifelsfrei zu unterscheiden. Vermutlich werden die Felskanten mit den darauf folgenden abrupten Höhenunterschieden als Vegetation gedeutet und demzufolge herausgerechnet. Durch manuelles Eingreifen in den Filterungsprozess, auch bei Geländekenntnissen und unter Zuhilfenahme von überlagernden Orthofotos, konnten keine überzeugenden Verbesserungen erreicht werden.
Ein weiteres, eher kartographisches Problem liegt in der Darstellung der Felsen, die einen Eindruck der topographischen Situation vermitteln soll. In dem aus Laserscanergebnissen entstandenen Höhenlinienplan können sie jedoch nur skizzenhaft und manuell eingefügt werden. Dieser Nachteil lässt sich durch eine

Abb. 25 Bandfels, Blick nach Norden auf Wall und Graben nördlich des Wegedurchbruches (Aufnahme 2005).

Abb. 26 Bandfels, Blick nach Süden auf Wall und Graben südlich des Wegedurchbruches, im Hintergrund Burg Wildenstein (Aufnahme 2005).

Kombination von Höhenlinien- und Grundrissbild mit dem Reliefbild mildern, bei speziell beflogenen Objekten auch durch die Einfügung eines gleichzeitig aufgenommenen digitalen Luftbildes, das dann die Felsen fotorealistisch wiedergeben würde.
Unter Inkaufnahme der genannten Probleme wurden das Laserscanergebnis und die manuelle Aufnahme zum topographischen Plan vereinigt. Da eine spannungsfreie Anpassung zu aufwändig gewesen wäre, wurde an den Felskanten eine Nahtstelle belassen. Wie oben gezeigt, treten damit Lage- und Höhenabweichungen der Laserscanauswertung gegenüber dem manuell gewonnenen und als „fehlerfrei“ zu betrachtenden Ergebnis auf. Zudem wurde auf die Darstellung der Felsen außerhalb des manuell aufgenommenen Gebiets verzichtet. Auf die Dokumentation des kleinen Abschnittswalles und die Verdeutlichung seiner topographischen Lage hat dies jedoch keine Auswirkung.
Technische Weiterentwicklungen, wie verbesserte Filtermethoden, Parallelauswertung von Laserscanning und multispektralem Zeilenscanner (sog. True-Ortho-Bilder), Auswertung von Intensitätssignalen und Ähnliches sowie höhere Punktdichten werden in Zukunft das Messverfahren des Airborne Laserscanning soweit perfektionieren, dass es auch den Ansprüchen der „archäologischen Topographie“ genügen wird. Die Interpretation der Laserdaten und der daraus entwickelten Pläne erfordert jedoch weiterhin, und in noch stärkerem Maße als bei der konventionellen Planaufnahme grundlegende Geländekenntnisse sowie archäologisches, geomorphologisches und topographisches Hintergrundwissen.

Beschreibung

Der ziemlich genau nach Westen weisende Sporn des Bandfelsens wird gut 100 m von der Spitze entfernt, kurz nachdem er sich auf ca. 25 bis 30 m deutlich verschmälert hat, von einem Wall mit Graben abgeriegelt (vgl. im Folgenden Beilage 3). Die leicht nach außen gebogene Befestigung ist etwa 34 m lang und schützt eine ungefähr 0,4 ha große, teils durch Felsen, teils durch Steilhänge unregelmäßig begrenzte Fläche.[91] Mit ihrer geringen Flächengröße und der einfachsten Art, die Spitze eines Sporns zu schützen, gehört sie zu den schlichten und eher unbeachteten Abschnittsbefestigungen im Lande.
Der von der Kante des Steilhanges im Norden bis zum felsdurchsetzten Absturz im Süden verlaufende Wall mit Graben wird im südlichen Drittel durch einen Weg durchschnitten und erscheint nach außen gekrümmt. Bei näherem Hinsehen zeigt sich aber, dass er aus einem kürzeren, fast geradlinigen Stück südlich des Weges mit einer Länge von ca. 10 m und einem ca. 20 m langen, gestreckt verlaufenden nördlich davon besteht. In der leicht abgewinkelten Verbindung (Krümmung) führt heute der neuzeitliche Weg hindurch.
Im Norden läuft der Wall auf eine niedrige, talseitig knapp 2 m hohe Felsstufe zu, die genau von hier ab Richtung Westen ein Stück weit die Kante der Innenfläche bildet. Seine Außenböschung stößt auf den Fels und biegt dabei leicht nach innen ein. Die Innenböschung scheint sich dagegen nach geradlinigem Verlauf, kurz vor Erreichen des Felsens, zu verlieren. Etwa in deren Verlängerung zweigt hinter dem Felskopf eine stark verrundete Geländekante nach innen ab, die möglicherweise künstlich überformt ist und im Zuge eines Flankenschutzes entstanden sein könnte. Sie endet am nächsten Felskopf. Der dem Wall vorgelagerte Graben verbreitert sich geringfügig, kurz bevor er vor der Kante ausläuft (Abb. 25).
Im Süden hört der Wall knapp vor der Kante eines schluchtartigen Hangeinschnittes zwischen zwei Felsrippen auf und lässt dabei eine leicht begehbare, schmale Passage offen. Die Grabenaußenböschung biegt, dem Wallfuß folgend, leicht nach innen ein. Der Graben endet – wie der Wall – vor der Kante, dabei bleibt auch hier ein schmaler Streifen gangbar (Abb. 26).
Bis auf den bereits erwähnten Wegdurchschnitt wirken Wall und Graben ungestört. Erwartungsgemäß ist der Wall verrundet, seine Kronenbreite beträgt etwa 1 m. Die Außenböschung ist deutlich steiler als die Innenböschung – wie an solchen Anlagen häufig zu beobachten (Abb. 27). Die Innenböschung zeigt durchweg einen klaren Fuß. Der Graben ist muldenförmig mit einer Sohlbreite von etwa 1 m. Sein Rand ist im Nordteil stark abgerundet, weniger stark im Südteil und relativ scharfkantig am südlichen Ende, wo Fels ansteht. Gegen das Außengelände erreicht die Grabentiefe im Süden bis zu 0,7 m, im Norden nur ca. 0,4 m. Auf dem Geländescheitel, wo der Weg Wall und Graben quert, ist der Graben auffallender Weise am flachsten. Gerade an dieser verteidigungstechnisch besonders gefährdeten Stelle wäre eine Tiefe wie nördlich und südlich davon – oder sogar eine noch größere – zu erwarten gewesen. Anzeichen für eine spätere Verfüllung sind – bis auf die geringe Aufschüttung im Wegverlauf – nicht zu erkennen.
Der Höhenunterschied zwischen Wallkrone und Grabensohle ist im Südteil mit ca. 1 m geringer als im Nordteil, wo die Höhendifferenz bis zu 1,5 m beträgt. Die Höhe der Innenböschung nimmt von Süden nach

91 Die Fläche lässt sich mangels klarer Abgrenzung nur sehr grob ermitteln. Zu unterscheiden sind die einigermaßen ebene Fläche auf dem Geländerücken (ca. 0,28 ha) und die abschüssige, aber noch besiedelbare Fläche im Süden. Als Abgrenzung wurden, neben der klaren Linie der Wallachse, die Felsoberkanten und die meist unscharf ausgebildeten Hangkanten gewählt.

Norden, von ca. 1 m auf 0,2 m, nahe dem nördlichen Wallende, ab. Vermutlich wurde der aus kleineren, mit Erde durchsetzten Steinen aufgebaute Wall aus dem Grabenaushub aufgeschüttet. Während südlich des Weges Massenausgleich zwischen Aushub und Aufschüttung zu bestehen scheint, ist zumindest im mittleren Abschnitt des Nordteils dies vermutlich nicht der Fall. Hier dürfte der Wallkörper ein größeres Volumen einnehmen als der Graben.

Bemerkenswert ist das Profil entlang der Längsachse des Walles. Von außen betrachtet fällt zuerst der deutliche Höhenunterschied von etwa 0,5 m zwischen dem links des Weges liegenden höheren Wallteil und dem rechts liegenden auf. Durch die Anlage des Weges ist an der Südseite eine ca. 0,6 m hohe Abböschung des Walles entstanden, an der tiefer liegenden Nordseite hingegen lediglich eine sehr flache und kurze Schräge.

Nach etwa 4 m fast horizontalem Verlauf fällt der rechte Wallteil in einer leichten Stufe ab, deren kaum ins Auge fallender Fuß nach etwa 2 m zu erkennen ist. Nach weiteren 2 m senkt sich die Wallkrone erneut, diesmal sind Ober- und Unterkante der etwa 2,3 m langen Stufe gut zu erkennen. Auf einen etwa 3,5 m langen Abschnitt folgt wieder eine deutliche, ca. 2 m lange Stufe. Von ihrem Fuß sind es dann noch rund 1,5 m bis zum Wallende am Felskopf. Diese Abstufung scheint nicht durch spätere Abgrabung entstanden zu sein. Sie spiegelt sich jedenfalls nicht im Profil der Grabensohle wider, womit ein segmentweises Ausheben des Grabens und korrelierendes Aufschütten des Walles – wie an etlichen anderen Anlagen Baden-Württembergs festgestellt – nicht anzunehmen ist.

Der Zugang in die Befestigung erfolgte sicher nicht im Zuge des heutigen Waldweges, zeichnet sich hier doch eine noch deutliche Geländewelle ab, der Rest des abgetragenen Walls. Auch der Graben ist leicht verfüllt, ein weiterer Hinweis darauf, dass der wohl wenig vor 1900 ausgebaute Weg die Befestigung durchbrochen hat und nicht durch eine alte Lücke – die dann als Tor in Frage käme – geführt wurde. Nahe liegend ist es, den Zugang in der schmalen Lücke zwischen südlichem Wall- bzw. Grabenende und der steil abfallenden Schlucht zu suchen. Von Bedeutung könnte in diesem Zusammenhang auch eine steinige, etwa 10 m lange und ca. 4 m breite Aufwölbung sein, die vom Südende des Walles entlang der Schluchtkante verläuft. Sie scheint im Wesentlichen aus anstehendem Fels zu bestehen, doch bleibt zwischen Wallende und dieser Geländeform eine Lücke von etwa 3 bis 4 m Breite offen. Der mutmaßliche Zugang könnte so am äußeren Fuß der Aufwölbung vorbeigeführt haben und durch diese zusätzlich gedeckt worden sein, oder aber er ging durch die Lücke zwischen Wall und Aufwölbung direkt ins Innere.

Die von der Befestigung geschützte Innenfläche wird durch Felskanten im Süden und Westen und durch die Kante des steilen Hanges im Norden sehr unregelmäßig begrenzt. Sie fällt vom Wall an um ca. 12 m sanft gegen die Bergspitze ab. Aus der geringen Humusauflage tritt immer wieder anstehender Fels an die Oberfläche.

Unmittelbar hinter dem Wall erreicht die Innenfläche mit etwa 40 m die größte Breite. Daran schließt ein fast horizontaler Geländeteil an, der sich nach einer Ein-

Abb. 27 Bandfels, Profil durch Wall und Graben am Bergscheitel, 5 m südlich des Weges. M. 1:500, zweifach überhöht.

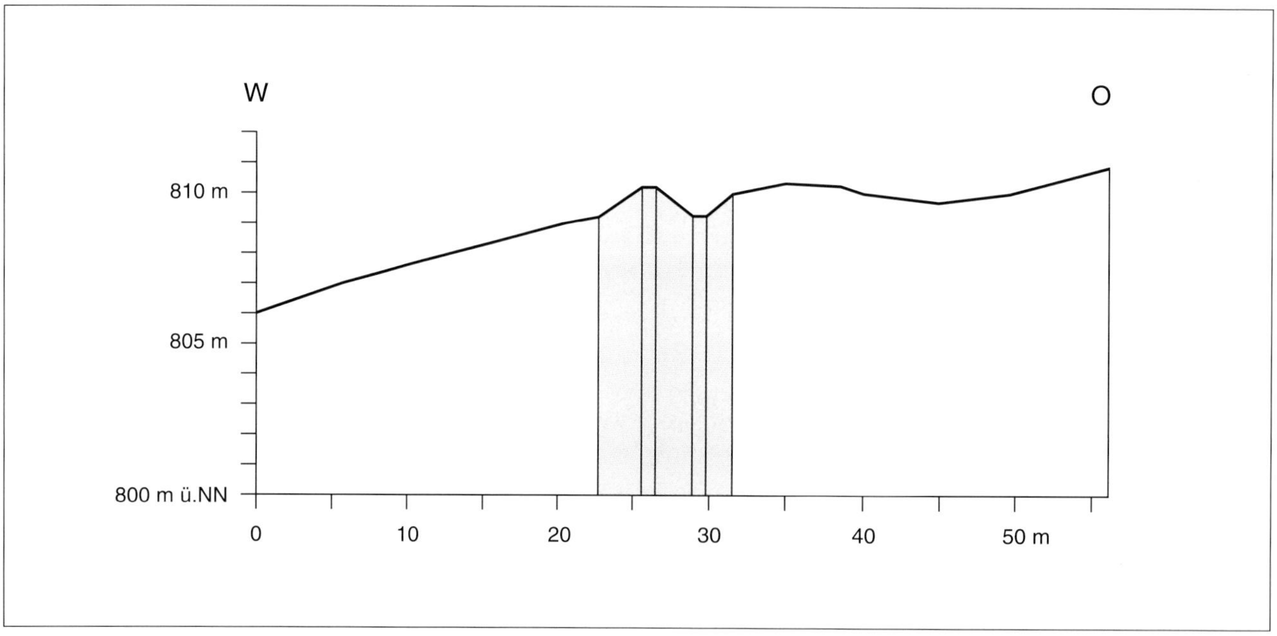

schnürung wieder auf nahezu 40 m Breite weitet; eine Stufe und Verengung und eine kleine fast horizontale Fläche direkt an der Spitze folgen. Die zweite Aufweitung wird an der Südostseite durch eine deutliche Böschung begrenzt, die sich nicht eindeutig als künstlich oder natürlich ansprechen lässt. Die dahinter liegende Fläche macht einen geebneten Eindruck. Darin ist eine flache und runde Senke eingetieft, deren Herkunft unklar ist. Südlich schließen kleinere, zwar abfallende, aber noch besiedelbare Flächen gegen die Felskante des Plateaus an, teilweise, vor allem im Westen, durch Felsstufen unterbrochen. Besiedlungsspuren – etwa in Form von Podien oder Terrassen – sind darin allerdings nicht erkennbar.

Archäologische Untersuchungen

An der Wallanlage auf dem Bandfels haben bislang keine archäologischen Untersuchungen stattgefunden. Das äußere Erscheinungsbild erlaubt keine sicheren Aussagen zu Aufbau und antiker baulicher Gestalt. Der Wallanschnitt am Wegedurchbruch lässt am ehesten an einen vielleicht holzverstärkten Stein-Erde-Wall denken. Die Innenfläche weist keine augenscheinlich künstlichen Veränderungen auf, die eindeutig auf Bauten oder anderes schließen lassen könnten.

Archäologische Funde

Eine Begehung des Plateaus (Innenfläche) durch Thomas Pollmann ergab im Sommer 1988 lediglich einen unsicheren Silextrümmer.[92] Wohl einen Abschlag aus Jurahornstein konnte Achim Lehmkuhl 1999 auflesen. Um 2000 fand Werner Simon ebenfalls in der Innenfläche mehrere Abschläge und Silextrümmer, großenteils noch mit Cortex. Offenbar wurden an Ort und Stelle Rohknollen aus Weißjurahornstein zugeschlagen, die Trümmer blieben liegen und verwertbares Material dürfte mitgenommen worden sein. Entsprechender Jurahornstein steht in unmittelbarer Umgebung nicht an, könnte jedoch nördlich der Donau geholt worden sein.

Das Tiergärtle (Reiherwäldle) bei Inzigkofen-Vilsingen (Dietfurt)

2,0 km nordnordöstlich der Pfarrkirche St. Johannes und Paul von Vilsingen, 1,0 km östlich der Burg Dietfurt, im Privatwald der Hofkammer des Hauses Württemberg, Distrikt 9 Tiergärtle.
Höhe 659 m ü. NN (höchster Punkt)
R = ^{35}11,49 H = ^{53}26,63 [93]
Topographische Karte 1:25 000 Blatt 7920*
Flurkarte 1:2500 Blatt SO 4307/4407

Literatur

L. Lindenschmit, Die Vaterländischen Alterthümer der Fürstlich Hohenzoller`schen Sammlungen zu Sigmaringen (Mainz 1860) 172. – Zingeler, Forschung 22. – F. Knickenberg, Korrbl. Westdt. Zeitschr. Gesch. u. Kunst 13, 1894, 177f. – Zingeler/Laur, Bau- und Kunst-Denkmäler 207 mit arch. Karte im Anhang. – Stehle, Hohenzollern 330; 453. – J. Biel, Fundber. Baden-Württemberg 2, 1975, 88. – Heine, Wehranlagen 79 Abb. 20. – Biel, Höhensiedlungen 81; 337 mit Taf. 155 C.

Lage

Östlich von Dietfurt schiebt sich zwischen die südlich gelegene Hochfläche mit Höhen um 680 m ü. NN und der eigentlichen Sohle des Donautals (um 585 m ü. NN) eine breite und etwa 2 km lange Senke ein, die aufgrund von entsprechenden Geröllen als älterer Donaulauf interpretiert werden kann. Sie liegt nur wenig südlich der heutigen, schmalen Talsohle, die sich zwischenzeitlich nochmals um 15 bis 20 m tiefer eingegraben hat. Drei felsige, voneinander abgesetzte Kuppen gliedern das Gelände zwischen Senke und Flusslauf, die nach Osten hin – über Otterbühl und Eichbühl – an Höhe deutlich zunehmend mit dem 659 m ü. NN hohen Tiergärtle enden. Dessen abgeflacht kegelförmig aufragende Höhe zeigt gegen die Senke einen nicht allzu steilen, knapp 60 m hohen Hang. Das kleine Gipfelplateau wird hier hangwärts, gegen Süden und Westen, von einem steinigen Wall mit innen liegendem Materialgraben begrenzt, während zur Donau nach Norden und Osten um 80 m hohe, von Felsgruppen durchsetzte Steilhänge, über weite Strecken mit einer Felsstufe vom Plateau zusätzlich abgesetzt, eine Sicherung entbehrlich machten. Gegenüberliegend mündet die Schmeie von Norden kommend als einer der wenigen größeren Bäche in die Donau und verleiht dieser Stelle des Donautals zusätzliches Gewicht als Talknotenpunkt (Abb. 28–30).
Die Bergkuppe wird von verschwammten Schichten der Liegenden Bankkalke (Massenkalke) gebildet. An der steil abfallenden Nordseite zur Donau hinunter sind zahlreiche Felsgruppen vorhanden, zuunterst – bis ins Wasser hinabreichend – auch ein größerer, freistehender Felsturm. In unbewaldetem Zustand bietet sich vom Plateau ein weiter Blick in den Talraum, der in diesem Abschnitt durch die weite Senke für eine mögliche

92 Fundmeldung an das Landesdenkmalamt Baden-Württemberg im Sommer 1988. Das Fundstück wurde nicht aufbewahrt.
93 Die Koordinaten im Gauß-Krüger-System beziehen sich auf den Mittelpunkt der befestigten Fläche.
* Die Anlage ist in die Topographische Karte eingetragen.

Abb. 28 Blick nach Südosten auf das Tiergärtle unmittelbar jenseits der Donau (Bildmitte). Von links unten mündet die Schmeie ein, rechts unten der Schmeirer Berg, darüber die kleine bewaldete Kuppe des Eichbühls. Gegen Süden trennt eine breite Senke das Tiergärtle von den am oberen Bildrand heranreichenden Hochflächen, die wohl als alter Donaulauf zu interpretieren ist. Luftbildaufnahme O. Braasch vom 01.03.1989.

Ansiedlung günstige Bedingungen bot. Fließendes Wasser jedoch gibt es zumindest heutzutage lediglich in der Donau selber; die südlich gelegenen Senke führt jedoch den Flurnamen Brunnacker, wohl ein Hinweis auf eine zwischenzeitlich offenbar versiegte Quelle. Der anstehende Boden ist ein flachgründiger, mit Kalkschutt durchsetzter, dunkelkrümeliger Waldhumus, worauf Laub- und Nadelwald verschiedenen Alters stockt. Nur die Südseite ist stellenweise auch verbuscht und mit Fichten in größeren Flächen aufgeforstet. Spätestens 1845 stand auf dem Tiergärtle bereits Wald, sichere Anzeichen für ältere ackerbauliche Nutzung gibt es nicht.[94] Mittelalterlich-neuzeitlicher Nutzung dürften die länglichen, muldenförmig eingetieften Abgrabungen an der südwestlichen Spitze des Berges unmittelbar unterhalb des Randwalls entstammen, Alter und Zweck waren jedoch nicht näher zu bestimmen. Weitere teils fragliche Abgrabungen sind insbesondere am Westhang vorhanden, die aber zumeist weder zeitlich noch funktional näher bestimmt werden konnten, möglicherweise aber auch natürlichen Ursprungs sind. Die heutige Auffahrt wurde älteren Kartenwerken zufolge wohl um die Mitte des 19. Jahrhunderts angelegt, offenbar zusammen mit dem Neubau eines Fahrweges durch die Senke von Dietfurt her. Im späten 20. Jahrhundert erfolgte ein Ausbau, in jüngerer Zeit wurde zusätzlich eine Wendeplattform angelegt. Ein älterer Weg oder Fußpfad führte offenbar ebenfalls auf die Höhe, abzulesen an den Spuren eines Altweges auf der südwestlichen Bergspitze (vgl. Kap. Beschreibung). Die vor Ort Tiergärtle genannte Anhöhe wird auch als Reiherwäldle oder Reiherhalde bezeichnet, um 1900 scheint sie zudem auch als Roigelwäldle bekannt gewesen zu sein (vgl. dazu Forschungsgeschichte). Möglicherweise lag hier einst ein umzäuntes, namengebendes Tiergehege des Hohenzollerischen Fürstenhauses. Die Burg auf dem knapp 1 km westlich des Tiergärtles isoliert aufragenden Felsklotzes mitsamt dem Burgweiler Dietfurt – 1095 erstmals genannt und 1936 nach Inzigkofen eingemeindet – dürfte jüngsten Bearbeitungen zufolge im späten 11. Jahrhundert errichtet worden sein.[95] Offenbar bestand nahe dem Burgfelsen,

94 Abzulesen an der in diesem Jahr aufgenommenen Urflurkarte. Herrn Diesch, Landratsamt Sigmaringen, Fachbereich Vermessung in Bad Saulgau, sei für die Möglichkeit zur Einsichtnahme gedankt.

95 Schmitt, Burgen Donautal 99ff.

Abb. 29 Blick nach Nordosten auf das Tiergärtle, dicht dahinter als dunkles Band die Donau. Neben dem geschwungen heraufführenden Waldweg zeichnet sich unterhalb des Gipfels die Wallkrone als helles Band ab. Luftbildaufnahme O. Braasch vom 25.02.1993.

etwa 50 m flussabwärts der heutigen Brücke, eine Furt im Zuge einer das Donautal nordsüdlich querenden, wahrscheinlich auch schon in vormittelalterlicher Zeit genutzten Verbindung.[96] Die Bedeutung der urnenfelderzeitlichen Besiedlung wird durch Funde aus der Burghöhle bei Dietfurt, durch den jüngst geborgenen Hortfund auf der Eremitage bei Inzigkofen und auch die Siedlung auf dem Tiergärtle selber unterstrichen.

Forschungsgeschichte

Ob die eher beiläufige Erwähnung einer „von alten Ringwällen bekränzten Höhe" durch Ludwig Lindenschmit 1860 die Anlage auf dem Tiergärtle (Reiherhalde) meint, ist nicht sicher.[97] 1894 erwähnte der fürstliche Archivdirektor Karl Theodor Zingeler lapidar eine „Ringburg im Reiherwäldle" und stellte sie in eine Reihe mit weiteren „Volksburgen" der vorgeschichtlichen (spätkeltischen) Zeit, hielt sie also für einen befestigten Fluchtort der Anwohner der Umgebung, die zugleich

96 Stehle, Hohenzollern 453.

97 L. Lindenschmit, Die vaterländischen Alterthümer der Fürstlich Hohenzoller'schen Sammlungen zu Sigmaringen (Mainz 1860) 172. Er nennt die Höhe zugleich als Horst von Reihern, was die Identifizierung mit dem Reiherwäldle doch wahrscheinlich macht. Weitere von Lindenschmit erwähnte vorgeschichtliche Funde scheinen hingegen eher vom Amalienfels und anderen Fundstellen zu stammen.

Abb. 30 Blick aus der südlich gelegenen Senke auf die abgerundete Kuppe des Tiergärtles (Aufnahme 2005).

auch kultischen Zwecken gedient haben könnte.[98] Wohl ebenfalls auf Zingeler geht ein 1894 erschienener, nicht namentlich unterzeichneter Beitrag in der Hohenzollerischen Volkszeitung zurück, in dem die Anlage auf dem Tiergärtle nochmals eingehender beschrieben wird.[99] Demnach stand auf der seinerzeit auch als Roigelwäldle bezeichneten Anhöhe bereits Hochwald, am Hang dichtes Unterholz. Hinauf führte offenbar nur ein Fußpfad, „der schon vor uralter Zeit benutzt worden sein mag". Steinige Erhöhungen im Inneren der Anlage hielt er – sicher irrtümlich – für „Thürme oder dergleichen".

Den Angaben Zingelers folgte Friedrich Knickenberg 1894 in einem kurzen Beitrag,[100] ebenso die erste eingehende Beschreibung der Kunstdenkmäler Hohenzollerns durch Zingeler und Friedrich Laur im Jahre 1896 in lapidarer Kürze.[101] Das 1926 von Bruno Stehle herausgegebene landeskundliche Standardwerk zu Hohenzollern verweist gleichfalls auf die Wallanlage („auf dem Thiergärtle bei Dietfurt") als mutmaßliche Fliehburg. Zugleich wurde jedoch angemerkt, dass deren geringe Größe kaum Platz für Mensch und Vieh geboten habe und deshalb auch an den „befestigten Wohnort eines Häuptlings oder an eine Opferstätte" zu denken sei.[102]

Aufbauend auf Vorarbeiten des Freiburger Institutes für Ur- und Frühgeschichte legte Hans-Wilhelm Heine 1978 eine Studie zu Wehranlagen zwischen junger Donau und westlichem Bodensee vor. Er stellte die Literatur zusammen und legte mit einer einfachen topographischen Aufnahme (Abb. 31) sowie einer kurzen Beschreibung der Anlage auf dem Tiergärtle (Reiherhalde) die Grundlage weiterer Beschäftigung hiermit. Unter Bezug auf unveröffentlichte Erkenntnisse Jörg Biels dachte er aufgrund der überlieferten Funde an eine urnenfelderzeitliche Besiedlung des Berges, hielt jedoch den Wall für hochmittelalterlich (8. bis 11. Jahrhundert) und brachte die Wehranlage als möglichen Vorläufer der wohl im 11. Jahrhundert erbauten Burg auf dem Dietfurter Burgfels ins Spiel.[103]

98 Zingeler, Forschung 17 f; 22. – Hierauf bezieht sich auch H. v. Hölder, Fundber. Schwaben Ergh. 2, 1894, 17, der sie lapidar unter der Sparte Volksburgen aufzählt.
99 Ein archäologischer Spaziergang ins Donauthal. Hohenzollerische Volkszeitung Nr. 111, 1894.
100 Knickenberg (Anm. 49) 177.
101 Zingeler/Laur, Bau- und Kunstdenkmäler 207 (unter Dietfurt aufgeführt). – Dem folgt auch Kraus, Burgställe 4.
102 Stehle, Hohenzollern 330; 453.
103 Heine, Wehranlagen 25; 79 Abb. 20. Nach Heines Sprachgebrauch ist sie frühmittelalterlich, was jedoch hochmittelalterlich meint. In der Datierung des Walles stützt er sich auf die 1972 abgeschlossene und seinerzeit noch unveröffentlichte Dissertation Jörg Biels zu den Höhensiedlungen (Biel, Höhensiedlungen).

Abb. 31 Topographische Aufnahme der Anlage auf dem Tiergärtle bei Inzigkofen-Vilsingen 1973, nach Heine. Originalmaßstab M. 1:1500, geringfügig verkleinert.

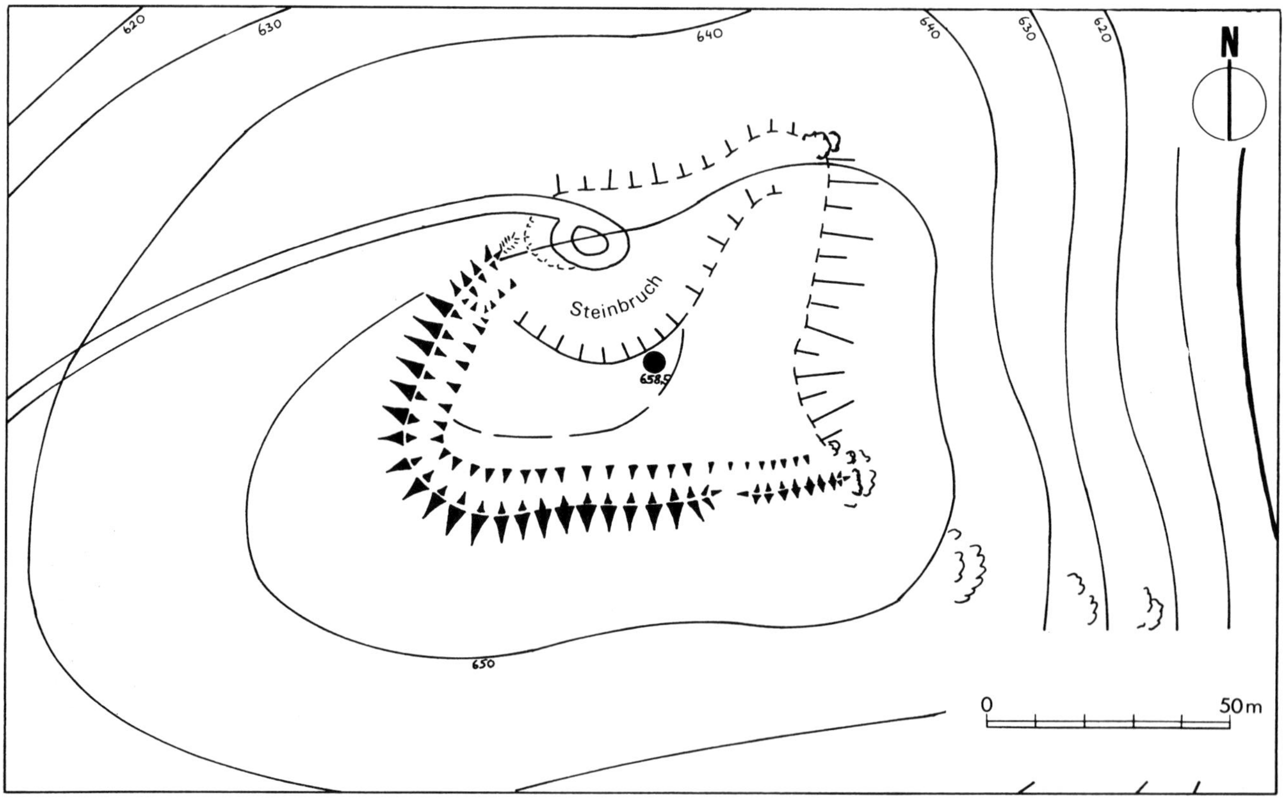

Abb. 32 Tiergärtle, Blick nach Süden über den Wall am Westhang, rechts die talwärtige Böschung, links die muldenartige Abgrabung zur Innenfläche (Aufnahme 2005).

Jörg Biel gab 1987 eine kurze Beschreibung der Anlage und stellte die 1969 geborgenen, überwiegend urnenfelderzeitlichen Keramikscherben vor. Die Befestigung selber hielt er – wie schon Heine – jedoch für mittelalterlich.[104] Zuletzt nahm Hansjürgen Brachmann nochmals unbesehen Bezug auf die Bemerkungen Heines und führte die Befestigung auf dem Tiergärtle unter den frühmittelalterlichen Wehranlagen Mitteleuropas auf.[105] Auch die orts- und regionalkundliche Literatur verwies mehrfach auf die Wallanlage und reihte sie entgegen der jüngeren Forschungsmeinung unter die urnenfelder- oder hallstattzeitlichen Befestigungen ein.[106]
Die Wallanlage auf dem Tiergärtle ist in der topographischen Karte im M. 1:25 000 seit der Erstausgabe (1907, Blatt 7920) verzeichnet. 1984 wurde sie für den „Atlas archäologischer Geländedenkmäler in Baden-Württemberg" durch Wolfgang Strobel aufgemessen (Beilage 4).[107]

Beschreibung

Die langovale, nahezu ebene Gipfelkuppe (Plateau) des Tiergärtles ist gegen Süden und Westen durch eine grabenartige Mulde mit talwärts abschließendem, steinigem Wall umgeben, die beide im abgerundet-stumpfen Winkel nach innen eingebogen sind. Gegen Osten setzt der Steilhang mit einer bis zu 7 m hohen Felsstufe unmittelbar an das Plateau an, gegen Norden führt eine nicht allzu steile, 20 bis 35 m breite Hangschulter mit talwärts zumeist deutlicher Kante ebenfalls in den donauseitigen Steilhang. Die somit nach allen Seiten abgesetzte und gesicherte Fläche des eigentlichen Plateaus hat eine Länge von etwa 80 m, die Breite beträgt zwischen 35 und 40 m, Teile der nördlichen Hangschulter könnten allerdings mit einbezogen gewesen sein. Die Größe der geschützten Fläche beträgt – allein auf das Plateau bezogen – etwa 0,3 ha, die nördliche

104 Biel, Höhensiedlungen 81; 337. Ein kurzer Fundbericht in: Fundber. Baden-Württemberg 2, 1975, 88. – 1980 führte Biel das Tiergärtle (unter Reiherhalde) als urnenfelderzeitliche Höhensiedlung an: J. Biel, Die bronze- und urnenfelderzeitlichen Höhensiedlungen in Südwürttemberg. Arch. Korrbl. 10, 1980, 23 ff. 32 Liste 2 (Verbleib: Württ. Landesmus. Stuttgart).

105 H. Brachmann, Der frühmittelalterliche Befestigungsbau in Mitteleuropa. Untersuchungen zu seiner Entwicklung und Funktion im germanisch-deutschen Bereich. Schr. Ur- u. Frühgesch. 45 (Berlin 1993) 252 Nr. 731.

106 Reim, Besiedlung 58, der die „Bergkuppe östlich von Dietfurt" als urnenfelderzeitliche Höhensiedlungen in Schutzlage sah. – Jerg, Vor- und Frühgeschichte 28 führte das „Thiergärtle" unter hallstattzeitlichen Befestigungen (Siedlungen) auf.

107 Leitung und Betreuung oblagen Dipl.-Ing. (FH) Dieter Müller, Landesamt für Denkmalpflege. Die Reinzeichnung des Planes wird G. M. Horn (LfD) verdankt, die graphische Bearbeitung dem geoGraphischen Büro Günter Müller, Waldbronn.

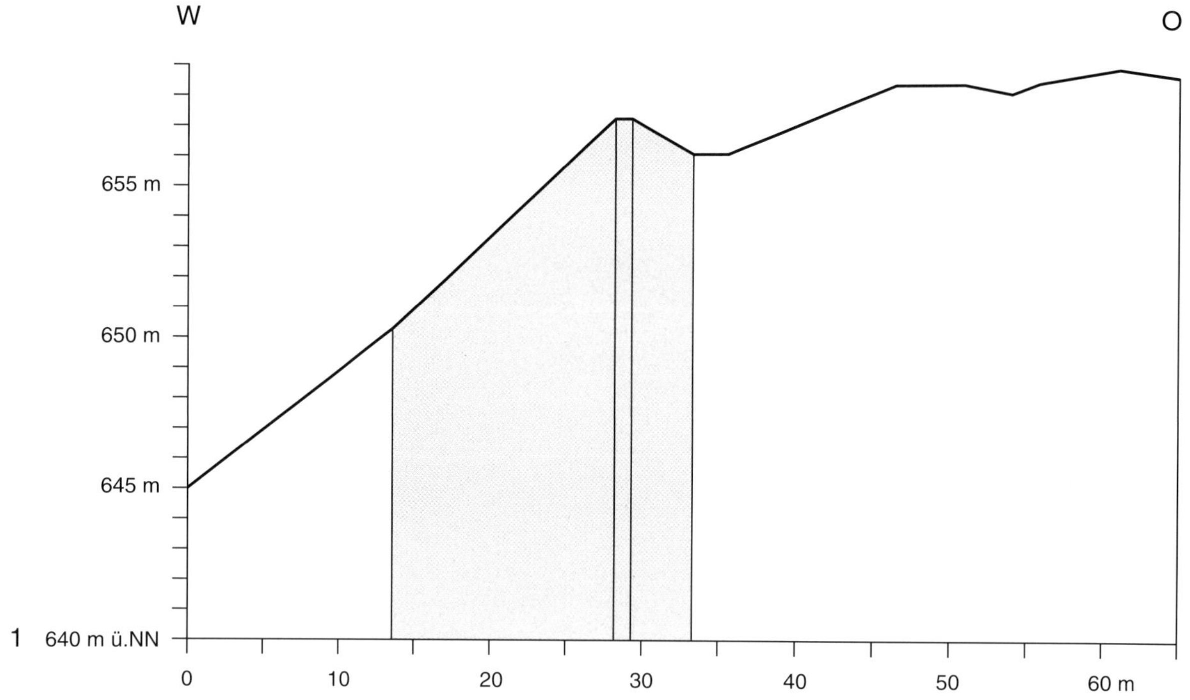

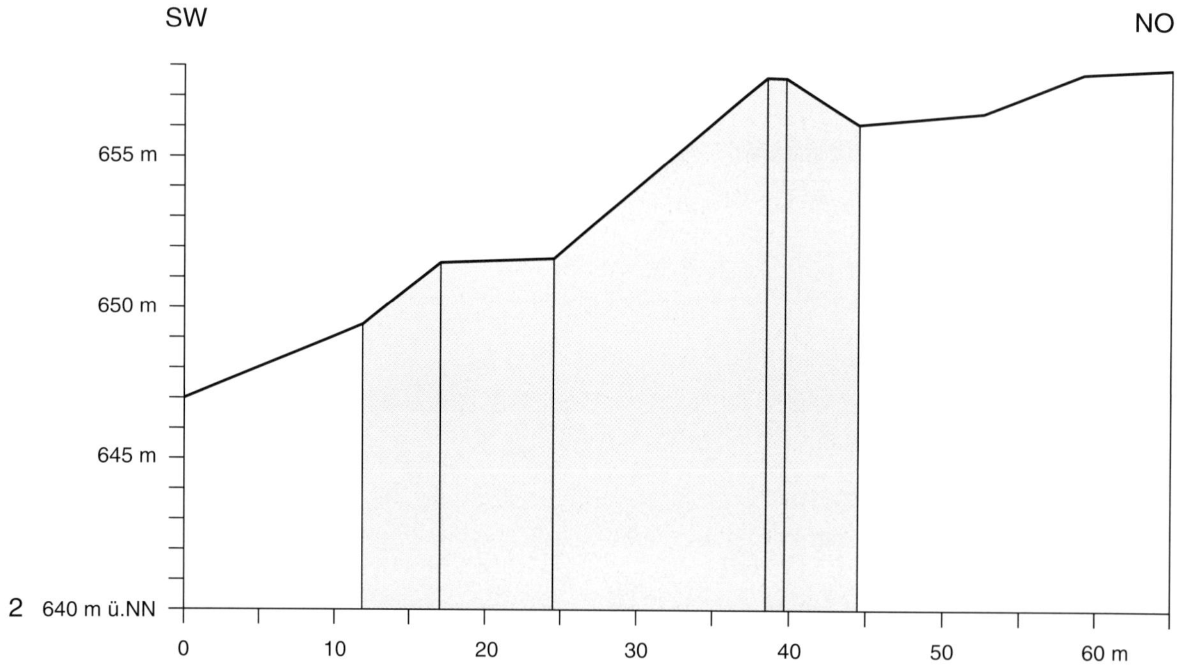

Abb. 33 Tiergärtle, Profile. 1 Profil durch die westliche Seite der Befestigung, etwa 50 m südlich des Weges. 2 Profil durch die Befestigung an der südwestlichen Spitze des Berges. M. 1:500, zweifach überhöht.

Hangschulter mit eingerechnet, etwa 0,45 ha, innerhalb der Wallkrone sowie der talwärtigen Kanten zum Steilhang etwa 0,75 ha.
Der die Kuppe an den deutlicher flacheren Seiten am West- und Südhang umgebende Wall zeigt sich über weite Strecken als recht abgesetzt wirkender, breiter Riegel aus zumeist kleinen Steinbrocken; die talwärtige Böschung geht großenteils ohne klaren Fuß in den Hang über. Die Wallkrone ist durchschnittlich gut 1 m breit, die Wallsubstanz bis auf wenige Windwürfe gut erhalten. Die Außenböschung ist um 12 m bis maximal 15 m breit, ihre Höhe schwankt zwischen 4,5 und knapp 6 m. Lediglich an der flachen südwestlichen Ecke tritt talwärts des Walles eine Berme hervor, die an der Bergspitze offenbar durch einen flachen Wall noch verstärkt worden war.
Die Innenböschung zu der meist um 3 bis 5 m breiten Sohle der anschließenden Mulde – im Folgenden der Einfachheit halber als Graben bezeichnet – ist meist um 4 m breit und um 1 m hoch. Sie ist überwiegend nicht allzu steil, zwischen 7 und 10 m breit, ihre Höhe beträgt um 1 m an der Westseite, bis zu 2,5 m an der Südseite (Abb. 32 und 33).
Am Nordhang beginnt der Wall erst wenig bergwärts des Fahrweges. Offenbar bestand hier bis zur felsigen Hangkante eine um 20 m breite Lücke, da auch talwärts des Weges keine Spur mehr vorhanden ist. Ob hier auf der doch schon recht steil abfallenden Hangschulter ein Eingang bestand, ist allerdings nicht sicher zu entscheiden. Nach Süden hin um sechs Höhenmeter ansteigend wird der Wall zunehmend mächtiger, ist allerdings auf etwa 15 m Länge durch einen Steinhaufen sowie weitere nachantike Veränderungen, vornehmlich Anschüttungen auf der Innenböschung, in seiner Gestalt merklich überformt. Dies steht sicher in ursächlichen Zusammenhang mit einer länglichen Abgrabung, die südlich der Wendeplattform die Materialmulde an der Innenseite des Walles deutlich aufgeweitet und vertieft hat, ohne dass deren Zweck und Zeitpunkt – vermutlich mittelalterlich bis neuzeitlich – sicher zu bestimmen wären (Abb. 34).
Gut 20 m südlich der Wendeplatte zeigt sich in der Grabensohle ein deutlicher Gefällwechsel (Knick) und trennt – verstärkt durch eine leichte Schwelle – von der nach Süden anschließenden, fast ebenen (horizontalen) und recht gleichmäßigen Sohle. Die obere, bogenför-

Abb. 34 Tiergärtle, Blick von der Wendeplattform nach Süden auf die Befestigung am Westhang. Zu erkennen sind der talwärtige Wall aus Steinbrocken und die nach innen anschließende Abgrabung, die sicher zum Aufschütten des Walles angelegt worden ist (Aufnahme 2005).

Abb. 35 Tiergärtle, Blick nach Nordwesten über den hier sehr steinigen und unruhigen Wall an der südwestlichen Ecke der Befestigung (Aufnahme 2005).

mig verlaufende Kante des Plateaus biegt hier scharf nach Osten hinein, wobei unklar ist, ob die gegen die nördliche Hangschulter bestehende, um 7 m breite und 2,5 m hohe Böschung das Resultat einer jüngeren Abgrabung, oder doch zeitgleich mit der Wallanlage ist. Die darunter liegende, auffällige Hangeintiefung oberhalb der Wendeplattform ist wohl eine natürliche Geländedelle, die aber durch Abgrabungen kleinen Ausmaßes überprägt sein kann. Falls diese Delle bim Bau der Wallanlage mit in das geschützte Gelände mit einbezogen werden sollte, wäre damit die Führung des Walles zu erklären, der ansonsten vielleicht eher die obere Plateaukante nach Osten hinüber zur felsigen Steilstufe gesucht hätte. Durch rezente Veränderungen (Wendeplatte und Steinhaufen) ist bei der Beurteilung des Befundes allerdings keine letzte Sicherheit möglich.

An der südwestlichen Ecke ist die Wallkrone breit verzogen und scheint flach abgegraben zu sein, vielleicht im Zusammenhang mit den Mulden unterhalb (Abb. 35). Auch tritt hier in der talwärtigen Böschung eine felsige Rippe hervor, Böschung und Berme scheinen hier aber durch Steine (von der Krone) überschüttet zu sein.

Unmittelbar unterhalb der Berme schließen an der südwestlichen Ecke des Berges talwärts etwa sieben längliche, flachmuldige Abgrabungen an, wobei die Berme durch die Mulden nur partiell abgegraben oder auch durch deren Aushub leicht überschüttet ist. Alter und Zweck der Mulden waren nicht zu klären; Materialentnahme (lehmiger Hangschutt) könnte eine Rolle gespielt haben. Möglicherweise wurde hier am nicht sonderlich steilen Südhang einst auch sporadisch Landwirtschaft (Hackbau) betrieben, worauf der teils feinkrümelige, dunkle Boden sowie der schüttere Bewuchs mit Licht liebenden Solitärpflanzen erste Hinweise sein könnten.

Etwa 30 m vor der östlichen Hangkante liegt im Wall eine etwa 2 m breite Lücke. Das westliche Wallstück wirkt etwas verschliffen, läuft jedoch allmählich gegen die Lücke aus, sodass hier nicht mit einem nachantiken Durchbruch zu rechnen ist. Auffälligerweise deutlich niedriger setzt sich der Wall östlich davon fort, die schmale, steinige Krone nur noch um 30 cm gegen die Grabensohle erhöht – mit abnehmender Tendenz zur Hangkante hin. In der Lücke selber laufen zumindest die Außenböschung des Plateaus wie auch die talwär-

Abb. 36 Tiergärtle, Blick nach Südosten auf die Befestigung am Südhang, gut erkennbar ist die innen gelegene, muldenförmige Abgrabung (Aufnahme 2005).

tige Wallböschung ungestört weiter. Allem Anschein nach handelt es sich hier um einen alten Zugang zur Befestigung, der über die Mulde zur wahrscheinlich nochmals gesicherten Innenfläche geführt haben muss. Ein alter Aufgang oder Weg ist jedoch im Gelände nicht festzustellen.

Gegen Osten hin führt der Wall auf eine die südöstliche Ecke der Bergkuppe bildende Felsnase hin, läuft allerdings bemerkenswerterweise schon vor Erreichen der Hangkante flach und ohne klare Stirn aus. Möglicherweise haben hier aus unbekannten Gründen hölzerne Befestigungselemente die schmale Lücke geschlossen, ein ehemaliger Zugang ist nicht auszuschließen, jedoch eher unwahrscheinlich. Unmittelbar an der östlichen Hangkante verläuft zwischen dem Wallende und der einbiegenden Böschungskante der Innenfläche eine flache, kaum wahrnehmbare Schwelle. Sie könnte vielleicht im Zusammenhang mit einer möglichen Sicherung des Zugangs zur Mulde entstanden sein, etwa wenn hier einst eine Palisade verlief. Die Böschungskante der Innenfläche hingegen zieht mit kurzem Bogen nach innen (Norden) zur Felskante des Osthangs hinüber.

Gegen die Innenfläche (Plateau) ist auf ganzer Länge eine tiefe Mulde (Graben) vorhanden, aus der das Material zur Aufschüttung des Walles stammt (Abb. 36). Das Plateau selber ist rundum mit einer deutlichen Kante abgesetzt, im Süden und Westen durch die Abgrabung der Materialmulde entstanden, gegen die nördliche Hangschulter durch eine fragliche Abgrabung, gegen Osten durch die natürliche Felsstufe. Die unruhige Oberfläche zeigt mehrere flachmuldige Eintiefungen, Strukturen oder Grundrisse lassen sich jedoch nicht erkennen. Der anstehende, steindurchsetzte Waldhumus zeigt immer wieder umgelagerte, kleinstückige Keramikscherben. Die Hangschulter oberhalb der um sieben bis zehn Höhenmeter tiefer einsetzenden Felskante des Nordhanges weist mehrere kleine Absätze und podienartige Verebnungen auf, die allerdings eher natürlich sein dürften.

Der Zugang am Westhang

Am Westhang endet der Wall schon knapp 20 vor der Felskante des Nordhangs. Ein Abschluss an der Hangkante wäre auf den ersten Blick aus verteidigungstechnischen Gründen sicher sinnvoll gewesen, obgleich ein vom Tal her erfolgendes Eindringen immer noch über die unterhalb der Wendeplattform vorhandene Geländedelle möglich gewesen wäre. So ist aber auch an das Vorhandensein eines alten Zugangs durch die dann jedoch übermäßig breite Lücke zwischen Wallende und Steilhang in Betracht zu ziehen, wenngleich ein solcher (zweiter?) auch schon für die Lücke am Südhang angenommen werden kann. Diese Vermutung könnte aber eine um 1,5 breite, wegartige und sicher künstlich angelegte Planierung bestärken, die unterhalb der muldenartigen Abgrabungen an der südwestlichen Ecke des Berges hervortritt. Talwärts verliert sie sich im Fichtendickicht, bergwärts führte sie einst wohl am Wallfuß zum Nordhang hinauf, ist hier aber nur noch als flaue Geländekante feststellbar (vgl. Beilage 4). Möglicherweise sind die Spuren dieses Weges identisch mit einem „alten Fußweg", den Zingeler 1894 vorfand und zum Ersteigen der Anhöhe nutzte (vgl. Forschungsgeschichte).

Eine weitere Sicherung dieses möglichen Zugangs am Nordhang durch abgegangene Holzbauten oder anderes ist wahrscheinlich, letztlich aber auch durch den Bau des Weges und die Wendeplattform nicht nachweisbar. Zudem scheint auch der Hang oberhalb der Plattform abgegraben zu sein, ohne dass hier Näheres über Alter und Zweck zu sagen wäre. Die Wendeplatte selber ist bergwärts mit einer steilwandigen Böschung eingegraben, das gewonnene Material talwärts eben aufgeschüttet worden.

Archäologische Untersuchungen

An der Wallanlage auf dem Tiergärtle sind bislang keine archäologischen Untersuchungen vorgenommen worden. Das heutige äußere Erscheinungsbild lässt keine begründeten Aussagen zu deren Aufbau und antiker baulicher Gestalt zu, wenngleich mit Holzaufbauten verstärkte Steinwälle wahrscheinlich sind. Möglicherweise war auch das Plateau selber nochmals mit einer Palisade oder ähnlichem umgeben.

Archäologische Funde

Zahlreiche Keramikscherben konnte erstmals Jörg Biel 1969 auf dem nördlichen Teil des Plateaus aufsammeln (Abb. 37).[108] Soweit beurteilbar datieren sie in die jüngere Urnenfelderkultur. Zwei trichterartige Randscherben mit hellbrauner Oberfläche (Nr. 5; 8) dürften allerdings schon am Übergang zur Hallstattzeit stehen und vielleicht zu kegelhalsartigen Schrägrandgefäßen gehören.[109]

108 Verbleib: Württ. Landesmus. Stuttgart, Inv.-Nr.: V69/170.

109 Vgl. dazu etwa die Formen bei R. Dehn/B. Grimmer-Dehn, Die Grube 84/60 der urnenfelderzeitlichen Siedlung auf dem Burgberg bei Burkheim, Gem. Vogtsburg, Kr. Breisgau-Hochschwarzwald. In: B. Schmid-Sikimic/Ph. della Casa (Hrsg.), Trans Europam. Beiträge zur Bronze- und Eisenzeit zwischen Atlantik und Altai. Festschr. Magarita Primas. Antiquitas 3/34 (Zürich 1995) 119ff.

110 W. Brestrich, Die mittel- und spätbronzezeitlichen Grabfunde auf der Nordstadtterrasse von Singen am Hohentwiel. Forsch. u. Ber. Vor- u. Frühgesch. Baden-Württemberg 67 (Stuttgart 1998) 85ff. 176f.

111 Zum Formenbestand etwa W. Kimmig, Die „Wasserburg Buchau" – eine spätbronzezeitliche Siedlung. Forschungsgeschichte – Kleinfunde. Materialh. Vor- u. Frühgesch. Baden-Württemberg 16 (Stuttgart 1992) 67f. Taf. 49–56. – Zu Funktion und Formen vgl. R. Baumeister, Außergewöhnliche Funde der Urnenfelderzeit aus Knittlingen, Enzkreis. Bemerkungen zu Kult und Kultgerät in der Spätbronzezeit. Fundber. Baden-Württemberg 20, 1995, 377ff. 389ff.

Abb. 37 Tiergärtle, die in der Innenfläche aufgelesenen Keramikscherben der jüngeren Urnenfelderzeit (11. bis 9. Jh. v. Chr.) nach J. Biel. M. 1:2.

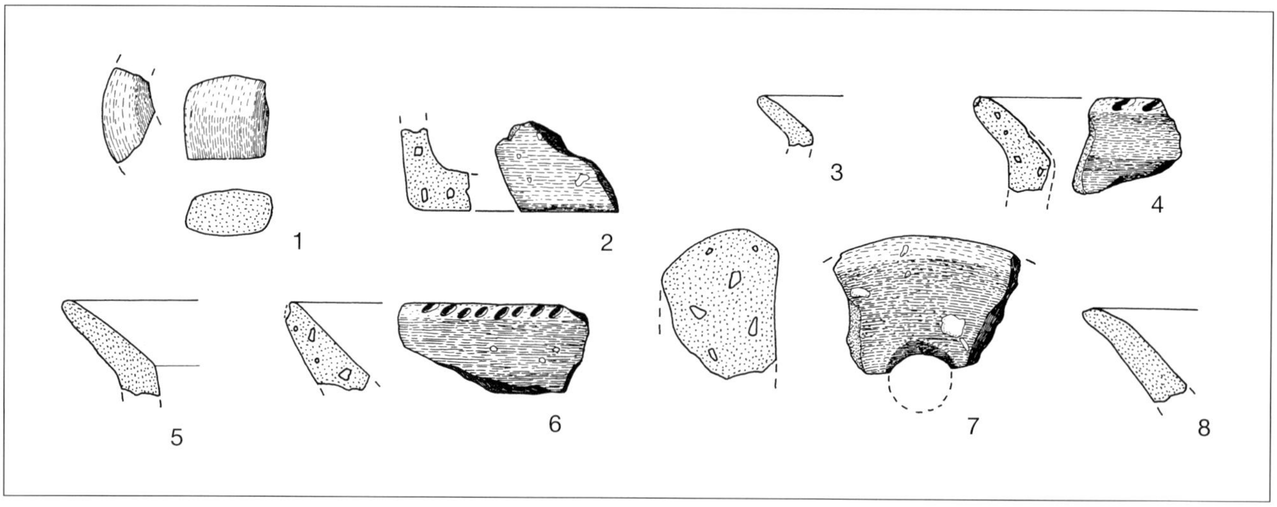

2004 konnte Uwe Frank im Innenbereich der Wallanlage mehrere Wandscherben vorgeschichtlicher Machart auflesen. Näher bestimmbar sind allein das Fragment wohl eines Feuerbockes aus rötlich braunem Ton sowie das abgeplatzte Randstück einer geschweiften Schale mit Schrägrand (ohne Abb.). Die Schale lässt sich als charakteristische Form der späten Urnenfelderzeit (Ha B3) bestimmen und gehört sicher in das 9. oder auch noch frühere 8. Jahrhundert v. Chr.,[110] während der Feuerbock – so die Zuordnung stimmt – nur allgemein in die Urnenfelderzeit datiert werden kann.[111]

Funde (nach Biel; Abb. 37)

1 Bruchstück eines dicken Henkels; Ton dunkelbraun, fein gemagert.
2 Bodenscherbe eines größeren Gefäßes (Topfes); Ton rotbraun, gröber gemagert.
3 Randscherbe eines kleinen Schrägrandgefäßes; Ton schwärzlich-rotbraun, fein gemagert.
4 Randscherbe eines Gefäßes mit gekerbtem Schrägrand; Ton schwärzlich braun, mittelfein gemagert.
5 Randscherbe eines Gefäßes (Kegelhalsgefäß?) mit weit ausgelegtem Schrägrand; Ton bräunlich schwarz, fein gemagert.
6 Randscherbe eines Gefäßes (Schale?) mit gekerbtem Schrägrand, Randdm. um 24 cm; Ton schwärzlich braun, grob gemagert.
7 Bruchstück eines dicken, ringförmigen Webgewichtes, Ton bräunlich, grob gemagert.
8 Randscherbe eines Gefäßes mit trichterartigem Rand; Ton gelbbraun, fein gemagert.

Am nördlichen Hang, wenig unterhalb des Gipfels, fand Werner Simon an einem Felsvorsprung bei einer Klufthöhle das Bruchstück eines Gussbrockens aus Bronze, Gewicht 162,5 g, das zeitlich allerdings nicht näher bestimmbar ist. Ein eventueller Zusammenhang mit der Wallanlage ist somit völlig offen.

Die Hünaburg bei Krauchenwies-Bittelschieß

1,85 km südlich der Kirche St. Kilian von Bittelschieß, 1,1 km ostnordöstlich der Kapelle St. Josef in Glashütte, im Wald der Fürstlich Hohenzollernschen Hofkammer, Abteilung 14 Burgwall.
Höhe 630 m ü. NN
R = ^{35}16,78 H = ^{53}15,50[112]
Topographische Karte 1:25 000 Blatt 8021*
Flurkarte 1:2500 Blatt SO 5312

Literatur

Cohausen, Erinnerungen 94f. Taf. 1. – Zingeler, Forschung 24. – Zingeler/Laur, Bau- und Kunstdenkmäler 193. – J. Jerg, Die Hünaburg von Weihwang. Hohenzoll. Heimat 1, 1951, 63. – Kraus, Burgställe 4 (unter Glashütte); 7. – J. Mühlebach, Die Hünaburg bei Weihwang und Glashütte. Hohenzoll. Heimat 21, 1971, 74.

Naturraum

Zwischen dem Jungmoränenland der letzten Würmeiszeit im Süden sowie der Albhochfläche im Norden – grob zwischen Pfullendorf und Sigmaringen – ist im Bereich um Krauchenwies ein breiter Streifen des Altmoränenlandes erhalten. Die so genannten Andelsbachplatten gehören zum Naturraum Donau-Ablach-Platten, die Höhen von 600 bis 700 m ü. NN aufweisen.[113] Sie bestehen aus Schotter und Grundmoränen der Risseiszeit, die vor etwa 500 000 bis 150 000 Jahren infolge mehrerer Gletschervorstöße aus dem Alpenraum hier abgelagert worden sind. Die Landschaft ist geprägt durch das Gefüge weitläufiger Hochflächenriedel (Moränen-Platten), gegliedert durch breitsohlige pleistozäne (eiszeitliche) Schmelzwasserrinnen von Ablach, Kehlbach, Andelsbach und Ostrach. An den oft scharfkantigen Talhängen – besonders westlich um Bittellschieß – steht auch Juranagelfluh und Untere Süßwassermolasse an, Überbleibsel des voreiszeitlichen Molassetroges, der im Tertiär zwischen Alpen und Schwäbischer Alb einsank, zugleich aber laufend aufgefüllt wurde. Auf den Hochflächen überwiegen Geschiebemergel und lehmig-kiesige Schotterböden, die teils tiefgründig verwittert sind. Die hieraus entwickelten Böden sind zumeist Pseudogley-Parabraunerden über kiesigem Geschiebemergel, teils auch tonige Parabraunerden.[114] In den Talböden wie auch im südlichen Bereich des Naturraumes gibt es einzelne Sumpfgebiete und Moore – so etwa Taubried und Liggersdorfer Moor.

Die breiten Sohltäler von Kehl- und Andelsbach werden von nicht allzu hohen Talkanten begleitet, die oft im oberen Bereich sehr steil abfallen, talwärts jedoch flach auslaufen. In zahlreichen größeren und kleineren Gruben wurde Kies abgebaut, nördlich von Bittelschieß ist der Abbau noch im Gange. Beiderseits der Täler schließen flachhügelige Hochflächen an, die meist nur kurze Taleinschnitte aufweisen.

Die Andelsbachplatten weisen größere und geschlossene Waldungen auf, die im Umfeld der Höfe, Weiler und Siedlungen sowie der fruchtbaren Talsohlen dauerhaft gerodet worden sind. Von Natur aus wären es eher submontane Buchen-Eichen-Mischwälder, zwischenzeitlich herrschen aber forstwirtschaftlich bevorzugte Fichtenwälder vor. Östlich an das Andeslbachtal schließt bis hinüber zum Ostrachtal das ausgedehnte Waldgebiet des Weithart an, das über Jahrhunderte hinweg den anliegenden Städten und Dörfern zu Waldwirtschaft, Viehweide und sporadischem Ackerbau diente.[115]

Die Jahresniederschläge betragen um 800 mm, klimatisch zählt der Naturraum mit einem Jahresmittel von etwa 7° auch aufgrund der Höhenlage nicht zu den Gunsträumen Südwestdeutschlands. Bei relativ ausgeglichenem Klima, flachem Relief und Böden, die mit

112 Die Koordinaten im Gauß-Krüger-System beziehen sich auf den Mittelpunkt der Befestigung.
* Die Anlage ist in die Topographische Karte eingetragen.

113 Benzing (Anm. 14) 19ff. – D. Ellwanger/M. Fiebig/J. Heinz, Quartärgeologie des mittleren Rheingletschergebietes (Bittelschieß, Höchsten, Hosskirch, Ostrach). Jahresber. Oberrhein. Geol. Ver. N. F. 81, 1999, 217ff.

114 J. Werner, Grundzüge einer regionalen Bodenkunde des südwestdeutschen Alpenvorlandes. Schriftenr. Landesforstverw. Baden-Württemberg 17 (Freiburg 1964) passim. – H. A. Haus, Erdgeschichte und Landschaftsentwicklung des Kreises Überlingen. In: K. Theiss (Hrsg.), Überlingen und der Linzgau am Bodensee. Heimat und Arbeit (Stuttgart 1972) 177ff. – Geologische Karte von Baden-Württemberg 1:200 000, Blatt 3. Hrsg. Geol. Landesamt (Stuttgart 1963). – Deutscher Planungsatlas VI: Baden-Württemberg. Hrsg. Akad. Raumforsch. u. Landesplanung (Hannover 1969) Karte 10 mit Erl. v. F. Wacker.

115 J. Mühlebach, Der Weithart – Eine heimatkundliche Wanderung. Hohenzoll. Heimat 8, 1958, 1ff. – Vgl. dazu auch F. Reinhold, Quellen zur Geschichte der Waldnutzungen im Fürstentum Fürstenberg. Schr. Ver. Gesch. Baar 28, 1970, 279ff.

Abb. 38 Blick nach Südosten auf die Hünaburg. Am linken Rand der rundlichen, bewaldeten Altmoränenkuppe deuten die sich hell abzeichnenden Laubbäume den nördlichen Rand der Befestigungsanlage an, unmittelbar links davon als dunkler Schlagschatten der hier durch eine Kiesgrube abgetragene Steilhang zur breit aufgeschotterten Talaue des Kehlbaches. Luftbildaufnahme O. Braasch vom 13.02.1989.

mittleren Ertragsmesszahlen von 41 bis 50 zum Ackerbau generell geeignet sind, waren jedoch einer Besiedlung und wirtschaftlichen Nutzung der Landschaft keine natürlichen Grenzen gesetzt.
Die vorgeschichtliche Besiedlung des Gebietes lässt sich insbesondere noch an frühkeltischen Grabhügeln sichtbar nachvollziehen. Offenbar aus Grabhügeln im Gewann Lohhäule, etwa 1 km südwestlich von Bittelschieß, stammen bislang ohne Fundort aufgeführte Funde der Späthallstattzeit.[116] Auch im Wald Grubenhagen, südlich der Hünaburg, liegen auf Gemarkung Otterswang (Stadt Pfullendorf) mehrere Grabhügel, die aus älteren Grabungen zahlreiche Funde der späten Hallstattzeit ergeben haben.[117]
Der wenig östlich der Hünaburg gelegene Weiler Weihwang (Stadt Pfullendorf) wurde als ehemals selbständiger Ort schon 1266 erstmals erwähnt und dürfte nach Erwerbung durch das Kloster Wald in selbigem Jahr zur Grangie (Wirtschaftshof) zurückgebaut worden sein. Der westlich der Hünaburg gelegene Weiler Glashütte entstand hingegen erst aus einer im Bereich des Kloster Wald 1701 errichteten Glashütte, in der noch bis ins späte 19. Jahrhundert Scheiben- und Hohlglas hergestellt wurde.[118]

Lage

Aus der nahezu ebenen, im Bereich des Weilers Weihwang um 400 m breiten Talsohle des Kehlbaches (um 600 m ü. NN) führt gegen Westen der knapp 30 m hohe Talrand zur anschließenden, flachhügeligen Hochfläche hinauf. Dem im oberen Bereich recht steilen Hang ist hier eine gut 160 m lange und 70 m breite, recht flache Kuppe aufgesetzt, die eine Höhe von 630 m ü. NN erreicht. Sie ist gegen Norden durch den tiefen und breit ausgeräumten Einschnitt eines Quellbaches begrenzt, gegen Süden durch eine flache Geländesenke abgesetzt, während nach Westen die Hochfläche nur um etwa 2 bis 5 m überragt wird. Einen guten natürli-

116 H. Zürn, Hallstattzeitliche Grabfunde in Württemberg und Hohenzollern. Forsch. u. Ber. Vor- u. Frühgesch. Baden-Württemberg 25 (Stuttgart 1987) 181 f. – Durch den Zürn wohl unbekannten Bericht von Cohausen (Cohausen, Erinnerungen) lassen sich zumindest dessen Funde dieser Fundstelle zweifelsfrei zuweisen. Ob das auch für die älteren von Mayenfisch geborgenen Funde gilt, sei dahingestellt.
117 Zürn (Anm. 116) 184.
118 J. Mühlebach, Glashütte bei Wald – Ein Gang durch die Geschichte. Hohenzoll. Heimat 25, 1975, 8 ff.; LBW VII 845 f.

chen Schutz bietet lediglich der nach Osten zum Kehlbach hin abfallende Steilhang. Somit nur von Norden her markant aufragend ist diese Kuppe vom Steilhang ausgehend durch zwei hintereinander gelegte Wallgräben in einem dreifach abgewinkelten Halbkreis gesichert (Abb. 38 und 39).

Der nur im oberen Bereich steilere Nordhang zeigt im Unterhang mehrere lang gezogene, grob hangparallel verlaufende Böschungen. Es sind die Reste alter Ackerterrassen im bis ans Ende des 19. Jahrhunderts noch bewirtschafteten und dann sukzessive aufgeforsteten Gelände. Auch im westlichen Außenbereich der Befestigung – nahe der Zufahrt – ist eine niedrige, Ost-West verlaufende Böschung vorhanden, die durch Aufschüttungen allerdings eher einem länglichen Riegel gleicht. Hier sind allerdings weder die ehemalige Funktion noch das Alter sicher abzuschätzen. Eine am Osthang hin wohl im 19. Jahrhundert angelegte Kiesgrube wurde bis in das 20. Jahrhundert hinein genutzt und hat im nordöstlichen Bereich der Anlage kleine Teile der Befestigung sowie der Innenfläche abgegraben. Die Innenfläche selber zeigt keine Eingriffe neueren Datums. Der Wälle und Gräben durchfahrende Weg an der Westseite wurde erst 1881 anlässlich des Besuches des Fürsten von Hohenzollern-Sigmaringen ausgebaut beziehungsweise neu angelegt. Fließendes Wasser gibt es auf der Höhe nicht, doch treten am Unterhang zum Kehlbach hin etliche kleinere, wohl unstete Quellen aus, die bereits nach kurzem Lauf gleich wieder versickern.

Die Anlage selber wie auch die Umgebung ist überwiegend mit Fichten bestanden, teils größere Einsprengsel an Laubbäumen sind vorhanden. Durch Windwurf wurden im Innenbereich der Anlage wie auch am Osthang in den letzten Jahren teils größere Flächen freigelegt, die jetzt mit dichtem Unterbewuchs und Büschen bestanden sind. Der Boden ist kiesreicher Geschiebelehm, entwickelt über Moränenschutt der Würmeiszeit.

In Archivalien (Urbare) des Klosters Wald ist offenbar erstmals 1501 die Bezeichnung Hünaburg oder Heunenburg für die Wehranlage überliefert, die seit dem späten 18. Jahrhundert amtlicherseits jedoch als Schlossbühl geführt wird.[119] Im Namen findet sich das Wort *heune*, das (mittelhochdeutsch *hiune*) einen Riesen bezeichnet. Der Volksmund wird demnach die Erbauung der Wehranlage mangels genauerer Kenntnis – wie auch bei den anderen Heuneburgen und Heidengräben – in grauer Vorzeit lebenden Riesen zugeschrieben haben.[120]

119 Mühlebach (Anm. 118) 11. – Nach LBW VII 846 ist der Namen bereits 1461 fassbar.

120 W. Keinath, Orts- und Flurnamen in Württemberg. Hrsg. Schwäb. Albver. (Stuttgart 1951) 164.

Abb. 39 Blick nach Westen über das Andelsbachtal auf die Hünaburg in der Bildmitte (Aufnahme 2005).

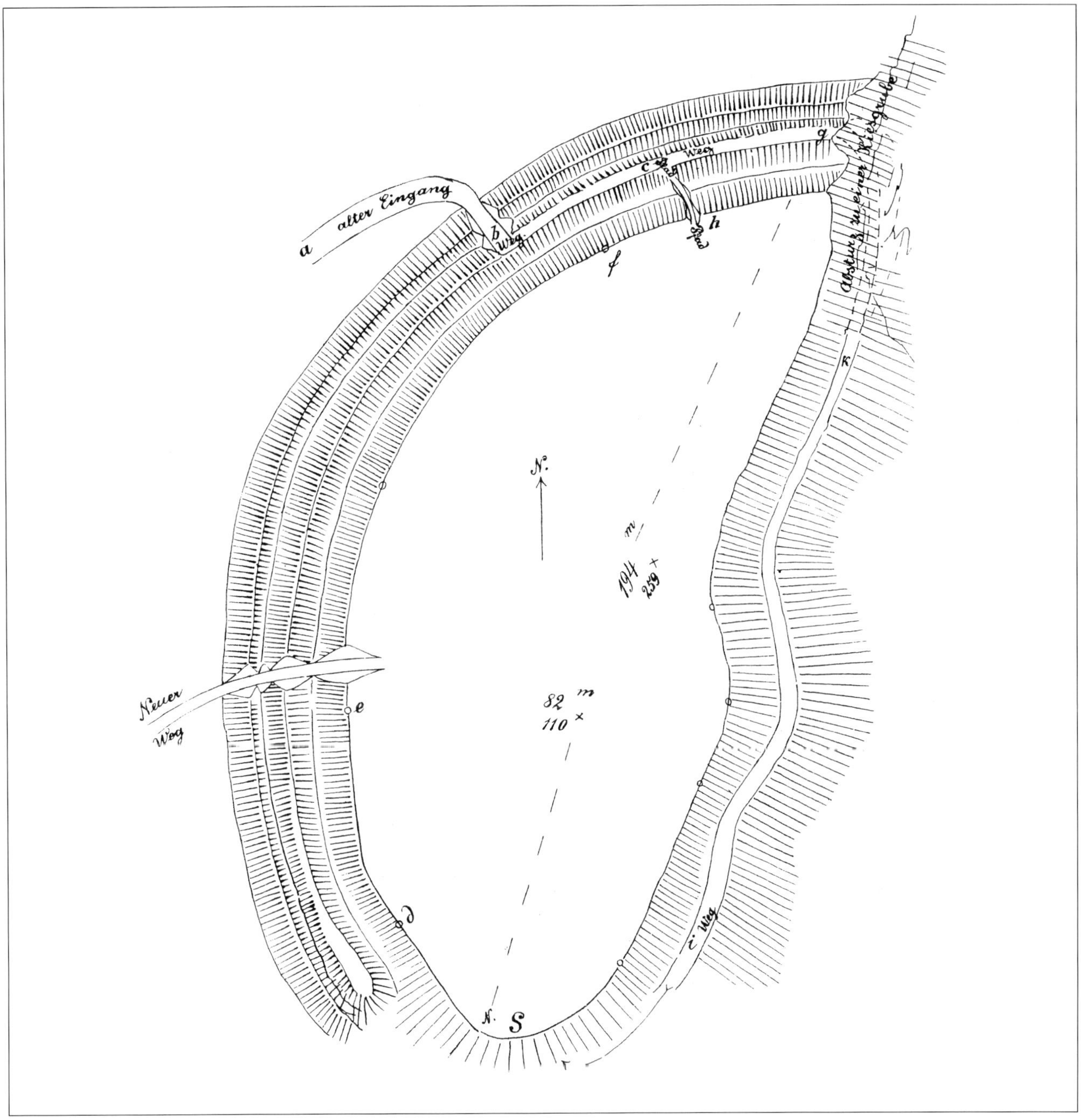

Abb. 40 Skizzenhafte Aufnahme der Hünaburg, angefertigt 1881 durch von Cohausen, etwa im M. 1:1000. Der vermeintliche „Alte Eingang“ (a) ist eine Störung aus jüngerer Zeit, die als Weg bezeichnete, schmale Verebnung am Osthang ist als Berme zu verstehen, die wohl eine funktionale Bedeutung für die Befestigung hatte.

Unterhalb der Hünaburg finden sich im Tal die Gewanne Furtwiesen und Buchfurt. Anlass hier eine wichtige Furt anzunehmen, gibt es allerdings nicht.

Forschungsgeschichte

Im Sommer des Jahres 1881 besuchte, anlässlich eines Aufenthaltes am Hof des Fürsten von Hohenzollern in Sigmaringen, der mit Befestigungsweisen befasste Oberst und Konservator August v. Cohausen die vor Ort wohl schon länger beachtete Hünaburg („Schlossbühl“). Neben einer Skizze (Abb. 40) veröffentlichte er eine eingehendere Beschreibung der Befestigung und deutete sie als Fliehburg aus der Zeit nach dem „Zusammenbruch der Römerherrschaft“. Der alte Zugang zur Hünaburg soll nach Cohausens schwer nachvollziehbaren Vorstellungen über die Lücke im äußeren Wallgraben an der nordwestlichen Seite und den inneren Wall zum Osthang, von dort über die Berme – sei-

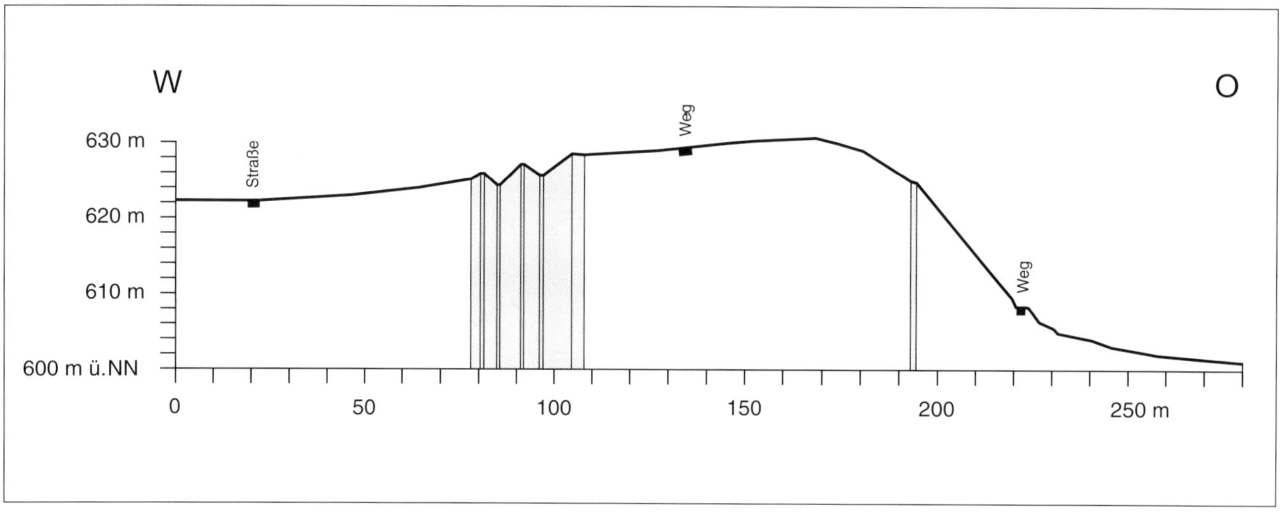

Abb. 41 Hünaburg, Geländeprofil von West nach Ost durch die Mitte der Befestigung, im Westen mit dem dreifach gestaffelten Wallgraben, im Osthang unterhalb der Hangschulter die schmale Berme. M. 1:2000, zweifach überhöht

ner Ansicht nach ein schmaler Weg – hinüber zur breiten Lücke an der Südseite geführt haben, wo er zwischen Wallende und steilem Osthang das Tor vermutete, geschützt einst durch „ein kräftiges Werk, etwa einen Turm" aus Holz.[121] Die scheinbare Lücke an der nordwestlichen Seite ist jedoch eine rezente Störung, die Berme wohl kein Weg, sondern eine zusätzliche Befestigung am Osthang.

Karl Theodor Zingeler, seinerzeit Archivdirektor des Hohenzollerischen Hauses, erwähnte 1894 die Hünaburg als „bedeutende Ringburg". Er bezeichnete sie als Volksburg und dachte an eine Fliehburg für die Anwohner der Umgebung, die zugleich aber auch kultischen Zwecken gedient haben könne. Zingeler brachte zugleich den Burgstall nördlich oberhalb Bittelschieß sowie den Schlossbühl am östlichen Talrand Richtung Krauchenwies (vgl. Zusammenfassung) als „Vorposten" der Hünaburg ins Spiel.[122] Dem folgt inhaltlich auch die erste eingehende Beschreibung der Kunstdenkmäler Hohenzollerns durch Zingeler und Friedrich Laur im Jahre 1896, wo unter Glashütte (Gde. Wald) eine „sehr schöne, wohl erhaltene Wallburg" genannt wird[123] sowie ein kurzer Beitrag Friedrich Knickenbergs aus dem Jahre 1894.[124] Das 1926 erschienene landeskundliche Standardwerk zu Hohenzollern, herausgegeben von Bruno Stehle, führt die Hünaburg als „wohlerhaltene Wallburg an, die von einem doppelten Walle kreisförmig umschlossen ist".[125]

Johann Jerg bezeichnete 1951 die Anlage in einer kurzen Notiz als „vordeutsche Fliehburg" und führte die älteren Nennungen ab dem Jahr 1501 an – zumeist Hünaburg;[126] in einem weiteren Beitrag des Jahres 1973 schätzte er sie jedoch als frühmittelalterlich ein.[127] Einer der geschichtskundigsten Kenner Hohenzollerns, Diözesanarchivar Johann Adam Kraus, stellte 1969 in seiner detailreichen Arbeit zu Burgställen und Schlössern Hohenzollerns auch die Hünaburg kurz vor. Er bezeichnete sie als „starke Volksburg mit mächtigen Wällen und Gräben".[128]

1971 und 1973 wurde die Hünaburg auch von Josef Mühlebach, dem orts- und geschichtskundigen Verwaltungsrat des Hohenzollerischen Landeskommunalverbandes, in der ortskundlichen Literatur aufgeführt und kurz beschrieben. Die als „Volksburg" oder „Ringburg" bezeichnete Anlage sei demnach in vorgeschichtlicher oder frühmittelalterlicher Zeit als Fliehburg genutzt worden, der Zugang – so vermutet er – habe wohl vom Andelsbachtal herauf geführt.[129] Die amtliche Landesbeschreibung führt 1978 eine „vermutlich frühmittelalterliche Befestigungsanlage mit doppeltem Wall und Graben" an. Zudem wird hier darauf

121 Cohausen, Erinnerungen
122 Zingeler, Forschung 17f; 24. – Hierauf bezieht sich sicher auch die lapidare Erwähnung als Volksburg bei H. v. Hölder, Fundber. Schwaben 2, 1894, Ergh. 17.
123 Zingeler/Laur, Bau- und Kunstdenkmäler 193.
124 Knickenberg (Anm. 49) 178f.
125 Stehle, Hohenzollern 330; 422. – Inhaltlich folgt dem Genzmer, Kunstdenkmäler 125f. (zu Glashütte).
126 J. Jerg, Die Hünaburg von Weihwang. Hohenzoll. Heimat 1, 1951, 63.
127 Jerg, Vor- und Frühgeschichte 28.
128 Kraus, Burgställe 4 (unter Glashütte); 7. Ob – wie von Kraus vermutet – der Flurname Schlossbühl, eine bewaldete Anhöhe zwischen Kappel und Glashütte etwa 1 km südwestlich der Hünaburg, tatsächlich auf eine weitere, spurlos abgegangene Burgstelle hinweist oder von der Hünaburg dorthin übernommen worden ist, muss einstweilen offen bleiben. Er vermutete für diesen Platz jedenfalls einen Zusammenhang mit dem im 13. und 14. Jahrhundert mehrfach genannten Niederadel des südwestlich gelegenen Ortes Kappel.
129 Josef Mühlebach, Die Hünaburg bei Weihwang und Glashütte. Hohenzoll. Heimat 21, 1971, 74. – Mühlebach, Glashütte (Anm. 118) 11.

verwiesen, dass der moderne Flurname Schlossbühl in früherer Zeit Hünaburg, Hönenburg oder Heunenburg gelautet habe.[130] Zuletzt hielt Wilhelm Schneider 1989 den Doppelgraben für ein Kennzeichen ungarnzeitlicher Erbauung der Hünaburg.[131]
Erstmals kartographisch erfasst ist die Hünaburg in der 1882 von Eduard Paulus herausgegebenen Karte der Altertümer Württembergs, eingetragen als Ringwall.[132] Sie wurde zudem in dem entsprechenden Blatt der topographischen Karten im M. 1:25 000 seit der Erstausgabe (1911, Blatt 8021) verzeichnet. 1984 wurde sie für den „Atlas archäologischer Geländedenkmäler in Baden-Württemberg" durch Wolfgang Strobel aufgemessen (Beilage 5).[133]

Beschreibung

Am Westrand des breiten Kehlbachtales erhebt sich eine gut 160 m lange und 70 m breite Kuppe etwa 30 m hoch über die Talsohle. Gegen Norden und Süden durch Senken und Einschnitte abgesetzt, ist sie gegen die nach Westen anschließende Hochfläche nur wenig erhöht. Das Areal dieser Kuppe wurde beim Bau der Hünaburg durch zwei hintereinander gelegte, tiefe Gräben mit dazwischen gelegten Wällen in einem dreifach abgewinkelten, vom Steilhang ausgehenden Halbkreis umgeben. Es hat den Anschein, als sei die Kuppe selber dabei in einem etwa 20 m breiten Streifen innerhalb der heutigen Plateaukante (Grabenkante) flächig planiert worden. Gut erkennbar ist jedenfalls die leichte Überhöhung des Plateaurandes um bis zu 20 cm gegen die Innenfläche, abgesetzt als durchschnittlich knapp 5 m breites Band mit einer flauen Kehle. Offenbar kam hier Aushub aus den Gräben zum Liegen, ist doch dessen Volumen insgesamt deutlich größer als das Aufschüttungsvolumen der Wälle (Abb. 41).

---

130 LBW VII 846 (unter Glashütte).

131 W. Schneider, Die südwestdeutschen Ungarnwälle und deren Erbauer. Arb. Alamann. Frühgesch. XVI (Tübingen 1989) 229 (im Privatdruck erschienen).

132 E. Paulus, Archäologische Karte von Württemberg[3] (Stuttgart 1882) Blatt Südwest. Die Erstausgabe des Jahres 1859 „mit archäologischer Darstellung der römischen und altgermanischen Überreste" konnte nicht eingesehen werden.

133 Leitung und Betreuung oblagen Dipl.-Ing. (FH) Dieter Müller, Landesamt für Denkmalpflege. Die Reinzeichnung des Planes wird Evi Weller verdankt, die graphische Bearbeitung dem geoGraphischen Büro Günter Müller, Waldbronn.

Abb. 42 Hünaburg, Blick nach Norden am Wegedurchbruch auf die Befestigung am Westhang (Aufnahme 2005).

Die gesicherte Innenfläche hat bei einer Größe von 1,2 ha – gemessen innerhalb der inneren Grabenkante und der Berme am Osthang – eine maximale Länge von knapp 170 m, die größte Breite liegt bei etwa 90 m. Die Gesamtlänge der Befestigung – ebenfalls nordsüdlich gemessen – liegt bei 210 m, die Gesamtbreite bei 120 m. Künstliche Veränderungen im Innengelände, die auf Bauten, weitere Erdbewegungen oder einen Binnengliederung der Befestigung schließen lassen könnten, sind nicht festzustellen.

Wälle und Gräben weisen am steiler abfallenden Nordhang mit knapp 30 m die größte Breite auf, der Höhenunterschied vom äußeren Wallfuß bis zur Innenkante ist hier – geländebedingt – mit etwa 7 m ebenfalls am höchsten. Beide Werte nehmen nach Süden hin im ansteigenden Außengelände bei nahezu gleich bleibender Höhe der Innenfläche allmählich ab, an der Westseite sind es noch etwa 27 m Breite und zwischen 4,5 m und 2 m Höhenunterschied. Bis auf kleinere Störungen wohl zumeist durch Windwürfe sind die Wälle und Gräben recht gut erhalten, die Böschungen steilwandig, die Grabensohlen über weite Strecken schmal und rundlich. Die verrundeten Kronen der Wälle sind mit durchschnittlich gut 1 m nicht allzu breit (Abb. 42).

Die Höhenunterschiede von der Plateaukante zur Sohle des inneren Grabens betragen an der Nordseite bis maximal 4,5 m, an der Westseite um 3,5 m, nach Süden hin knapp unter 3 m. Die Krone des inneren Walls liegt überall zwischen 1,5 und knapp 2 m darüber, zur Sohle des äußeren Grabens geht es um bis zu 2,5 m hinunter, gegen Süden hin fällt dieser Wert auf 1,5 m. Die Krone des äußeren Walls erhebt sich daraus durchschnittlich um knapp 1,5 m, die Böschungshöhe des talwärtigen Wallfußes beträgt am Nordhang bis zu knapp 2 m, an der Westseite um 1,5 m, im Süden knapp 1 m. Im Wesentlichen verringert sich also von Norden nach Süden nur die Höhe und Breite der Plateauabböschung, die anderen Werte bleiben einigermaßen konstant. Auffällig ist der dreifache Knick im Verlauf der Befestigung, der im Gelände kaum wahrnehmbar ist, in der Planaufnahme jedoch deutlich hervortritt. Offenbar sind beim Bau der Anlage jeweils nahezu geradlinige Abschnitte am Nordhang mit 60 m Länge, an der Westseite mit knapp 120 m Länge und an gegen Süden hin mit knapp 40 m Länge durch stumpfe Winkel miteinander verbunden worden. Der hiervon abweichende Einzug am südöstlichen Hang ist am ehesten mit der Anlage eines Zugangs zu erklären.

Am Nordhang laufen Wälle und Gräben nur leicht einziehend zur östlichen Hangkante, sind dort jedoch

Abb. 43 Hünaburg, Profil durch die Befestigung am Nordhang. M. 1:500, zweifach überhöht, 17 m westlich des Randes der Kiesgrube.

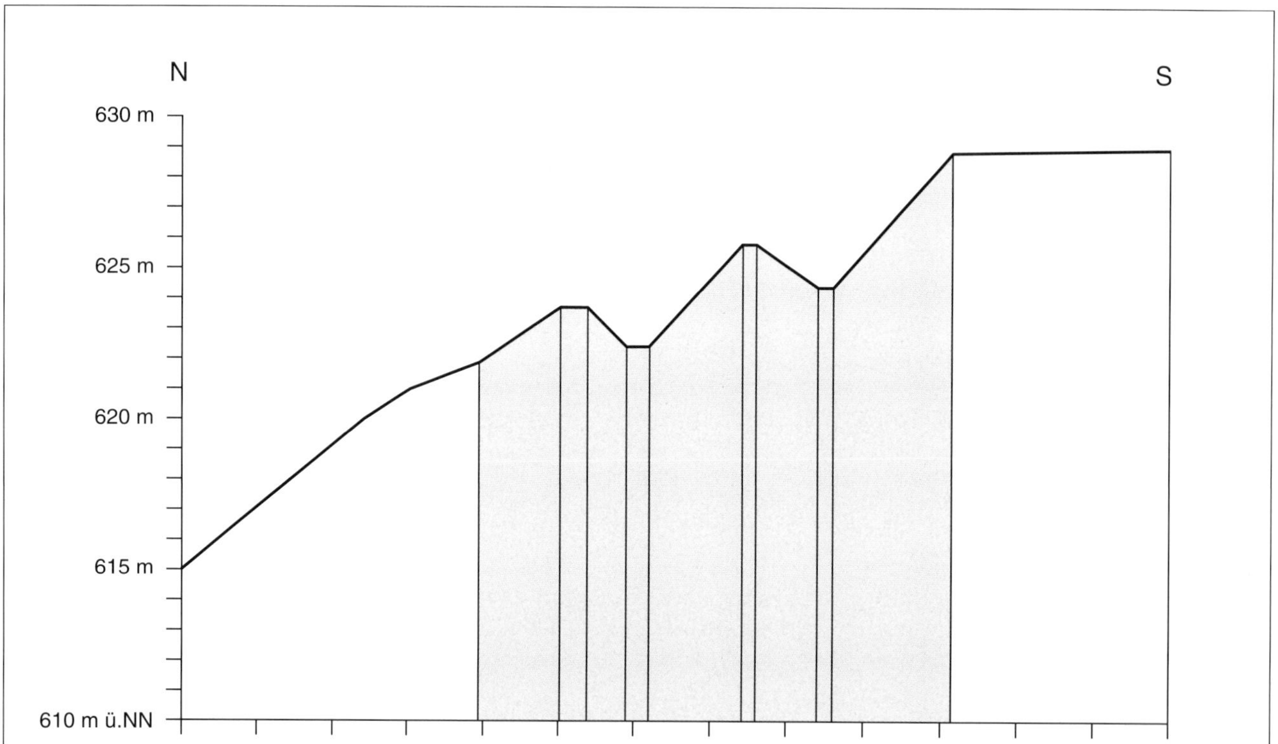

Abb. 44 Hünaburg, Blick nach Nordosten auf die Befestigung am Nordhang, im Vordergrund die breite Störung, die den äußeren Wall abgetragen hat (Aufnahme 2005).

durch die neuzeitliche Kiesgrube abgetragen. Die alte Hangkante dürfte durch den im 19. Jahrhundert erfolgten Kiesabbau um etwa 5 m nach innen verlegt worden sein, wahrscheinlich lief die Befestigung einst nahezu senkrecht in die natürliche Hangkante hinein. Die Krone des inneren Walles ist auf knapp 3 m Länge vor der Grubenkante abgetragen worden, kenntlich an einer flachen Stufe. Die jetzige Lücke entstand somit erst nachträglich, wenn auch zu unbekannter Zeit und zu unbekanntem Zweck. Der untere Graben ist hier auf etwa 50 m Länge auffallend breitsohlig und durch moderne Fahrspuren (Holzabfuhr) etwas verändert. Es folgt eine Störung, durch die der Graben auf etwa 15 m Länge weitgehend verfüllt, der äußere Wall abgetragen, der innere Wall auf gut 30 m Länge teilweise gekappt wurde. Diese Störung setzt sich fort in der um gut 15 m nach Osten versetzten Verfüllung des oberen Grabens auf etwa 10 m Breite, die Außenböschung des Plateaus zeigt eine um 10 m breite, flache Abgrabung. Zusätzlich ist der äußere Wall westlich dieser Lücke auf knapp 20 m Länge wohl durch Holzabfuhr und Befahren mit schweren Maschinen abgeschliffen, östlich davon ebenfalls durch Holzabfuhr und Abgrabungen an der Innenseite auf gut 7 m Länge verändert. Abfolge und Zweck dieser komplexen Störungen sind nicht sicher zu klären, jedoch sind einerseits mehrere Fahrspuren vorhanden, andererseits dürften Wälle und Gräben gezielt abgetragen und verfüllt worden sein. 1881 scheinen jedenfalls eine Zufahrt sowie die Verebnungen an der Krone des inneren Walles schon vorhanden gewesen zu sein, die breite Verfüllung und bergwärtige Abgrabung im inneren Graben wird von Cohausen hingegen nur als „schmaler Pfad" beschrieben. Alles spricht jedoch dafür, dass die Befestigung hier im ursprünglichen Zustand einst geschlossen war (Abb. 43 und 44).

Die jetzige Zufahrt (Waldweg) an der Westseite der Hünaburg durchfährt Wälle und Gräben nahezu eben und ist offenbar erst im Juni 1881, anlässlich des Besuches des Hohenzollerschen Fürsten von Sigmaringen, angelegt beziehungsweise ausgebaut worden (Abb. 45). Die Gräben wurden mit dem Durchbruchsmaterial der Wälle verfüllt, durch Setzungen zeigen sich hier jedoch Senken, im Bereich der durchbrochenen Wälle sind Schwellen vorhanden.[134]

134 Cohausen, Erinnerungen.

Abb. 45 Hünaburg, Blick nach Osten (von außen) auf den Wegedurchbruch durch Wälle und Gräben am Westhang (Aufnahme 2005).

Abb. 46 Hünaburg, Blick nach Osten auf die Befestigung am Südhang, die kurz vor Erreichen des östlichen Steilhanges zum Kehlbachtal nach innen einzieht und ausläuft (Aufnahme 2005).

An der Südseite endet der äußere Wallgraben knapp 50 m vor dem Osthang mit scharfem Einzug, der innere Wall läuft nach weiteren 20 m flach aus. Der innere Graben geht in eine Verebnung über, die zwischen der anschließend stark einziehenden Außenböschung des Plateaus und der recht scharfen Kante des hier steil abfallenden Osthanges eine Art trichterförmig zulaufende Torgasse schafft, wahrscheinlich der antike Eingang. Eindeutige Wegespuren sind allerdings weder an dieser Stelle selber noch im Außenbereich zu erkennen (Abb. 46 und 47).

Am Osthang zeigt sich wenige Meter unterhalb des Plateaus, genau am Übergang der rundlichen Hangschulter in den Steilhang, eine schmale Verebnung (Berme). Sie begann wohl einst an der südöstlichen Ecke, obgleich hier auf einer Strecke von gut 20 m – wahrscheinlich durch Windwürfe, teils dichten Bewuchs und Rutschungen nachträglich gestört – im Gelände nichts mehr zu erkennen ist, und lief nach Norden hinüber, bis sie gut 50 m vor den dortigen Wallgräben durch die neuzeitliche Kiesgrube abgegraben ist (Abb. 48). Auf einer Länge von knapp 90 m wirkt sie recht gut erhalten, ist nur stellenweise etwas abgerutscht und weist über weite Strecken – talwärts meist nur leicht abfallend – klare Konturen auf. Sie ist anfangs um 1,5 m breit, etwa 40 m vor der Kiesgrube verbreitert sie sich deutlich auf bis zu 2,5 m, wird dann aber wieder schmaler. Knapp 10 m vor der Grubenkante ist sie durch einen schmalen Schlitzgraben gestört, möglicherweise die Spur einer Sondage aus unbekannter Zeit.

Obgleich also an der nördlichen Seite ein Anschluss an die Befestigung durch die Anlage der Kiesgrube nicht mehr feststellbar ist, scheint diese Berme doch auf die Wehranlage bezogen zu sein. Cohausen sah in ihr einen schmalen Weg, doch spricht alles dafür, hier eine Sicherung des Hanges anzunehmen, die an dafür günstigster Stelle unterhalb der Hangschulter die Strecke zwischen den beiden Enden der Wallgräben an der talwärtigen Schauseite der Befestigung geschlossen hat. Ob eine Palisade oder anderes darauf gestanden hat – wie anzunehmen ist – muss allerdings offen bleiben.

Mit der Anlage der Gräben und Wälle sowie der Planierung der Innenfläche sind zum Bau der Hünaburg doch recht umfangreiche Erdbewegungen vorgenommen worden. Wenngleich hier aufgrund der nicht mehr sicher rekonstruierbaren natürlichen Geländeform

Abb. 47 Hünaburg, Profil durch die Befestigung am Südhang, etwa 35 m westlich der Hangkante. M. 1:500, zweifach überhöht.

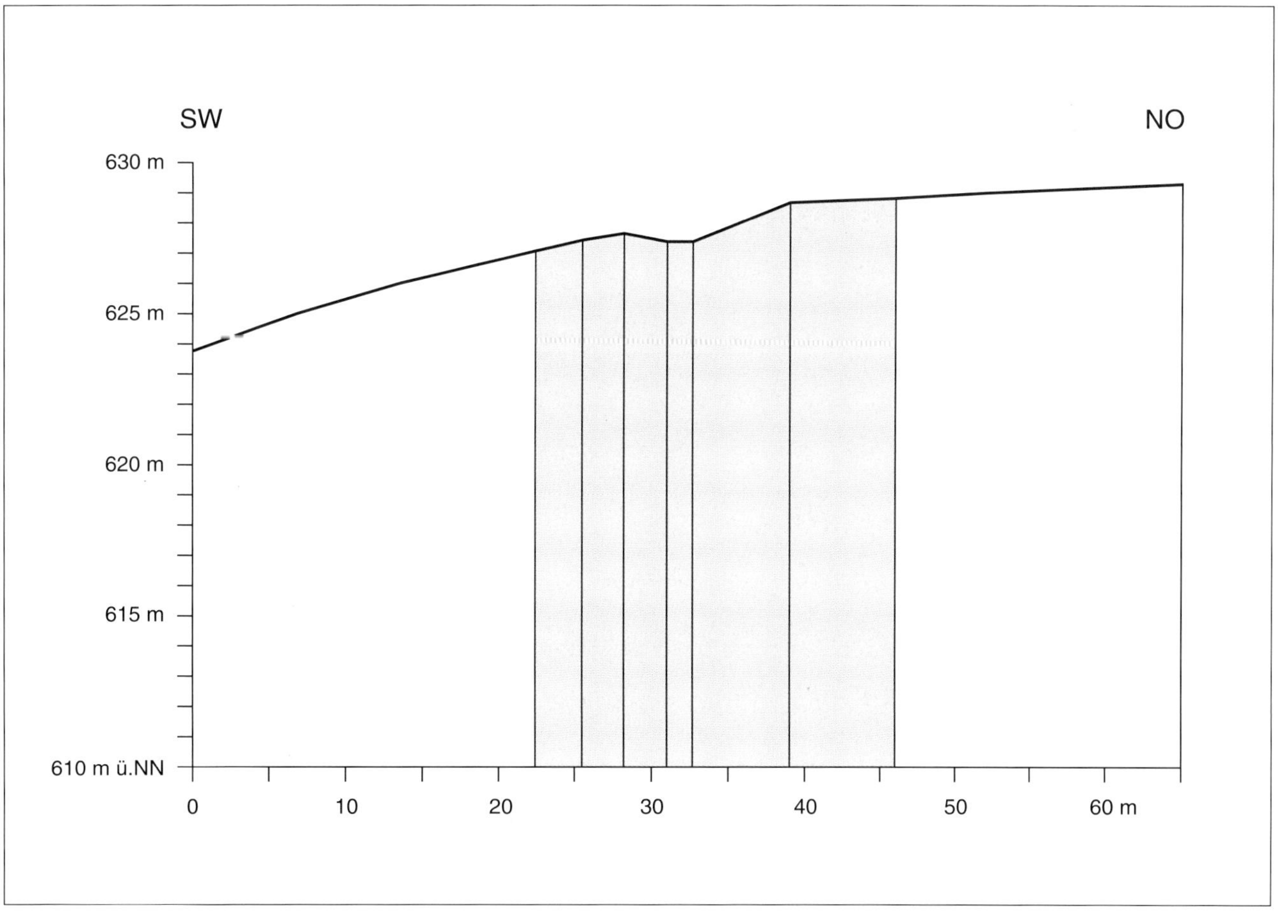

keine zuverlässigen Schätzungen zum bewegten Volumen vorgelegt werden können, muss doch zweifelsfrei eine größere Zahl von Menschen viele Wochen damit beschäftigt gewesen sein.

Abb. 48 Hünaburg, Blick nach Norden über die Berme auf der Hangkante zum steilen Osthang zum Kehlbachtal, südlich des modernen Kiesabbaues (Aufnahme 2005).

Archäologische Untersuchungen

Von der Hünaburg sind bislang keine archäologischen Untersuchungen bekannt geworden. Das heutige äußere Erscheinungsbild lässt keine begründeten Aussagen zu Aufbau und einstiger baulicher Gestalt zu, mit Holzeinbauten ist zu rechnen.

Archäologische Funde

Funde, die einen sicheren Hinweis auf Alter und Funktion der Hünaburg geben könnten, sind bislang nicht bekannt geworden. 2002 konnte eine kleine Wandscherbe wohl vorgeschichtlicher Machart auf der Innenfläche aufgelesen werden, 2005 eine dünnwandige, kleine Wandscherbe (Drehscheibenware), die in das späte Hochmittelalter (12. bis 13. Jahrhundert) gehören dürfte.[135]

---

135 Den Herren Helmut Söllner und Uwe Frank sei für die Übermittlung der Funde gedankt, die sich derzeit im Magazin des Referates Denkmalpflege am Regierungspräsidium Tübingen befinden.

Das Remser Holz bei Aach-Linz, Stadt Pfullendorf

3,0 km südlich der Pfarrkirche St. Martin von Aach-Linz, im Spitalwald der Fondspflege Überlingen, Distr. XLVII.
Höhe 600 m ü. NN (am Wall)
R = ^{35}15,62 H = ^{53}04,37[136]
Topographische Karte 1:25 000 Blatt 8121
Deutsche Grundkarte 1:5000 Blatt 8121.2

Literatur

H. Baas/E. Schmidt, Forsch. u. Ber. Arch. Mittelalter Baden-Württemberg 6, 1979, 271.

Naturraum

Das so genannte oberschwäbische Hügelland gehört zu den Schotter- und Grundmoränen der Würmeiszeit, die vor etwa 20 000 Jahren bei Gletschervorstößen aus dem alpinen Raum hier abgelagert worden sind. Dieser erdgeschichtlich jüngste Teil des Sigmaringer Kreisgebietes gehört zum so genannten Jungmoränenland, dessen äußere Endmoräne – einst der Stirnrand des Gletschers – die hügelige, unruhige Landschaft mit jungen Bachläufen gegen die flachwellige Altmoränenlandschaft der Donau-Ablach-Platten trennt. Sie zieht im Gelände meist schlecht kenntlich grob von Saulgau über Ostrach und Pfullendorf in Richtung Stockach zum Hegau. Die hier im weiten Bogen nach Norden ausholende Salemer Aach folgt um Aach-Linz weitgehend dem Innenrand der äußeren Endmoräne und entwässert zugleich – teils über steilwandig eingeschnittene Tobel – das Gebiet zum Bodensee hin. Umfasst die Aach das große Waldgebiet zwischen Herdwangen, Schönach und Lautenbach beinahe allseits, quert es der Herdenbach mit einem Netz aus steilwandig V-förmig eingeschnittenen Tobeln (Schluchten). Auf einem der hierdurch herausgeschnittenen Bergrücken, wenig nördlich des Herdbachs, liegt die Befestigung im Remser Holz.
Naturräumlich gehört das Waldgebiet im so genannten Schönach-Taisersdorfer Aach-Tobel zum Heiligenberg-Waldseer Berg- und Hügelland des Jungmoränenlandes. Zwischen dem Bodenseebecken und den flachwelligen Donau-Ablach-Platten erstreckt sich dieser waldreiche, hügelige und durch tiefe Schluchten zertalte Landstrich.[137] Die Schotter und Grundmoränen werden auf den von weitläufigen Fichtenforsten und Buchen bestandenen Höhen um das Remser Holz großflächig durch wesentlich ältere, tertiäre Ablagerungen des Molassebeckens abgelöst, insbesondere die vor etwa 30 Millionen Jahren gebildete Obere Süßwassermolasse. An Böden stehen hier Parabraunerden geringer Entkalkungstiefe aus sandig-kiesigen, oft auch tonigen Moränensedimenten an, an steileren Hängen auch Pararendzinen über Geschiebemergel, in staunassen Lagen auch Pseudogleye.[138] In Senken haben sich über tonig-lehmigen Substraten vielfach staunasse Flächen gebildet, kleinere Moore haben sich in der Aachsenke zwischen Herdwangen und Ruhestetten gebildet.
Die Jahresniederschläge liegen um 850 mm, klimatisch gehört der Raum mit einem Jahresmittel von etwa 7,5° – auch aufgrund der Höhenlage – sicher nicht zu den Gunsträumen Baden-Württembergs. Durch den Einfluss des Bodenseebeckens überwiegt insgesamt ein ozeanisch getöntes, relativ feuchtes Klima, bei Boden, die für Ackerbau zumeist nicht sonderlich gute Bedingungen bieten. Der natürliche Waldbestand ist ein Buchen-Mischwald, weite Fichtenforstungen sind überwiegend das Ergebnis forstwirtschaftlicher Bemühungen des 19. und 20. Jahrhunderts.
Zahlreiche Wasserläufe durchziehen das Gelände um das Remser Holz. Charakteristisch sind Talkerben, in deren nahezu eben aufsedimentierten Sohlen – wo immer möglich – Wege angelegt worden sind sowie recht steile Hänge und abgerundete, aber doch scharfe Hangkanten, die zu den flachhügeligen Hochflächen überleiten. Die Höhen zeigen teils ein lebhaftes Geländerelief – allerdings bei geringen Höhenunterschieden – mit regellos verteilten Kuppen, flachen Rücken und teils abflusslosen Senken, teils aber auch ausgedehntere Flächen, die annähernd eben sind.

---

136 Die Koordinaten im Gauß-Krüger-System beziehen sich auf den Mittelpunkt der befestigten Fläche.

137 Benzing (Anm. 14) 17 f. – Haus (Anm. 114) 177 ff. – LBW VII 768 f. – J. Schoser, Erd- und Landschaftsgeschichte. In: W. Rößler, Hegau und Linzgau: Landschaften zwischen westlichem Bodensee und Donau. Natur – Heimat – Wandern (Stuttgart 2002) 11 ff.

138 Werner (Anm. 114). – Geologische Karte von Baden-Württemberg 1:200 000, Blatt 3. Hrsg. Geol. Landesamt (Stuttgart 1963). – Deutscher Planungsatlas VI: Baden-Württemberg. Hrsg. Akad. Raumforsch. u. Landesplanung (Hannover 1969) Karte 10 mit Erl. v. F. Wacker.

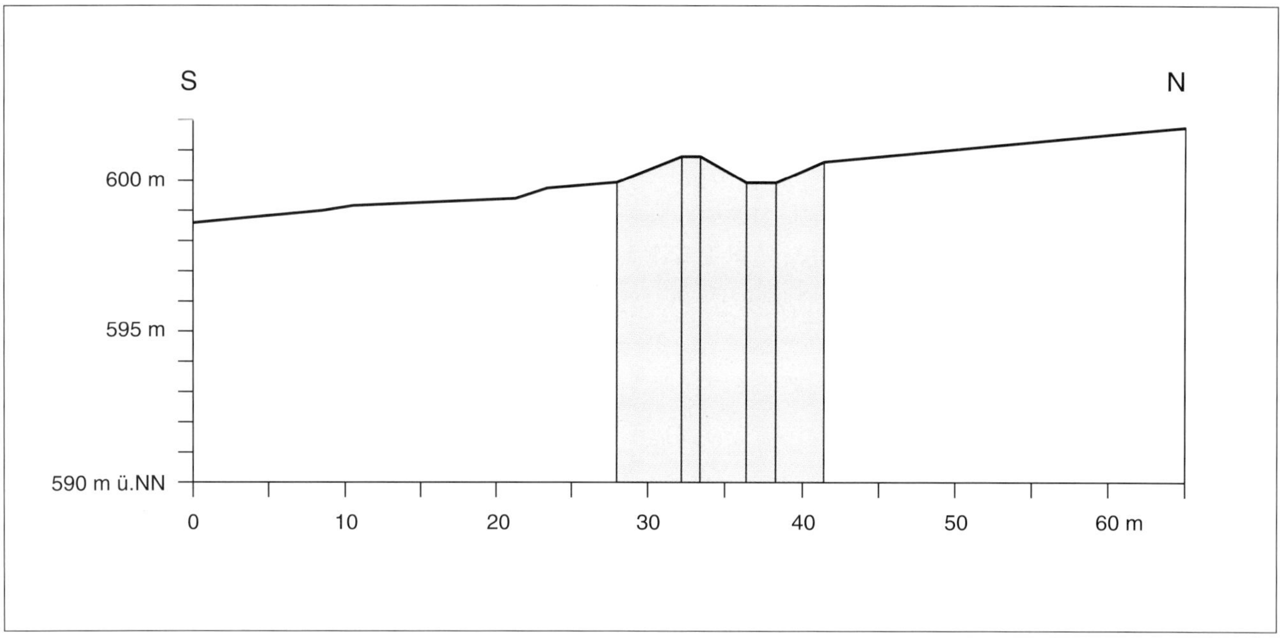

Abb. 49 Remser Holz, Profil durch Wall und Graben etwa 7 m westlich des Wegedurchbruches. M. 1:500, zweifach überhöht.

Die vor- und frühgeschichtliche Besiedlung des Raumes ist im Bereich um die 1924 vereinigten Orte Aach und Linz – namengebend für den Linzgau – vor allem an der spätkeltischen Viereckschanze im Gerthau und einer nahe gelegenen, gleichzeitigen Siedlung sowie etlichen römischen Fundstellen – darunter wohl ein Gutshof im Ortsbereich – festzumachen; eine neolithische Siedlung könnte in der Flur Luppach gelegen haben.[139] Ein angeblich im „Fondswald" liegender Grabhügel[140] lässt sich nicht mehr lokalisieren und nachweisen.

Das auch als Grimiswald bezeichnete große Waldgebiet beiderseits des Herdenbachs ist offenbar auch in Mittelalter und Neuzeit wohl aufgrund seiner schlecht nutzbaren Böden weder besiedelt noch großflächig und länger andauernd gerodet und landwirtschaftlich genutzt worden. Ein Kranz wohl hochmittelalterlicher Ausbauorte und Weiler – wie Sahlenbach, Lautenbach, Großschönach, Adriatsweiler, Sohl, Schwende, Herdwangen, Eberhartsweiler und Mühlhausen – umgibt das Waldgebiet nach allen Seiten, während Taisersdorf (Gde. Owingen, Bodenseekreis) dem Namen nach eine frühmittelalterliche Gründung sein könnte. Nur der Waldhof hat als wohl spätmittelalterliche Gründung Eingang in die Waldlandschaft selber gefunden.[141]

Lage

Wenig nördlich des Herdenbaches haben zwei steilwandig eingekerbte Quellbäche einen nach Süden hin auslaufenden, niedrigen Geländesporn – Remser Holz genannt – aus der flachwellig-hügeligen Hochfläche des Grimiswaldes herausgeschnitten. Nach drei Seiten begrenzen teils recht scharfe Hangkanten dessen Innengelände, bevor die außerordentlich steilwandigen Hänge um 6 bis gut 15 Höhenmeter in die seitlichen Schluchten hinunter führen. Der Anschluss an die Hochfläche nach Norden ist in nur leicht abfallendem Gelände nahezu eben. Hier ziehen Wall und Graben über den nahezu 70 m breiten Rücken und riegeln den Zugang zur Innenfläche ab.

Über dem teils lehmig-kiesigen, vielfach aber auch tonigen Boden stockt Buchenhochwald mit vereinzelten Einsprengeseln von Fichten. Eine Quelle entspringt am südlichen Hangfuß, wenig oberhalb der hier recht breiten Talsohle. Ihre eher geringe Schüttung versiegt offenbar nur bei längerer Trockenheit, ähnlich wie zwei weitere kleine Quellen am westlichen Taleinschnitt wenig oberhalb der Mündung. Besonders die südliche Spitze, aber auch die beiden seitlichen Hänge zeigen immer wieder Abrutschungen und Löcher von Windwürfen. Der hier an vielen Stellen Tonlagen aufweisende Boden lässt sehr steilwandige, V-förmige Talböschungen zu, die nur schwer zu ersteigen sind. An drei

139 Bad. Fundber. 19, 1951, 181; 20, 1956, 176. – S. Schiek, Zu den spätkeltischen Scherben von Aach-Linz, Gde. Pfullendorf, Lkr. Sigmaringen. Fundber. Baden-Württemberg 12, 1987, 299ff. – Bittel/Schiek/Müller (Anm. 29) 300ff.

140 Wagner, Fundstätten 49.

141 H. Schnabel-Schüle, Herdwangen-Schönach: Heimatbuch zur Geschichte der Gemeinde und des nördlichen Linzgau. Hrsg. Gemeinde Herdwangen-Schönach (Herdwangen-Schönach 1994). – LBW VII, 834ff.

Seiten der Innenfläche ist der Zugang somit zumindest erschwert, aufgrund der geringen Höhe aber keinesfalls unmöglich.
Wenig nördlich findet sich am Rötenbach der Flurname Götzenfurt, ohne dass hier etwas über eine alte Furt oder dergleichen bekannt wäre. Alte Wege sind aus der Umgebung nicht bekannt, die heutigen Waldwege sind durchweg jüngeren Datums. Lediglich am westlich anschließenden Geländerücken zieht von der Talsohle eine hohlwegartige Fahrspur hinauf, verläuft sich jedoch auf der Höhe schnell und markiert offenbar zugleich einen alten Grenzverlauf der früheren Markungen Sahlenbach – in der das Remser Holz lag – und Linz.[142]

Forschungsgeschichte

Ein erster Bericht zur Wehranlage im Remser Holz aus dem Jahr 1979 – auf der Grundlage einer Fundmeldung von Heiko Baas – geht auf Lage und Gestalt der Befestigung ein. Der Zugang wurde hierbei am Westhang in einer schmalen Lücke vermutet, eine funktionale oder zeitliche Einordnung unterblieb.[143] Weiteren Niederschlag in der Literatur hat sie bislang nicht gefunden. In topographische Kartenwerke hat die Anlage im Remser Holz keinen Eingang gefunden. 1984 wurde sie für den „Atlas archäologischer Geländedenkmäler in Baden-Württemberg" durch Wolfgang Strobel aufgemessen (Beilage 6).[144]

Beschreibung

Am Ansatz eines zwischen zwei Talschluchten auslaufenden Vorsprungs sichert eine Abschnittsbefestigung aus Wall und Graben den Zugang zur grob rechteckigen Innenfläche. Innerhalb der Befestigung und der umlaufenden Hangkanten gemessen hat diese bei einer Länge von etwa 100 m und einer Breite um 50 m eine Größe von gut 0,5 ha. Sie ist annähernd eben, fällt jedoch nach Süden hin leicht ab, vom Wall bis zur Spitze etwa sechs Höhenmeter. Künstliche Veränderungen,

142 Sein talwärtiger Ansatz ist am linken Rand des Planes (Beilage 6) noch eingetragen.
143 H. Baas/E. Schmidt, Forsch. u. Ber. Arch. Mittelalter Baden-Württemberg 6 (Stuttgart 1979) 271.
144 Leitung und Betreuung oblagen Dipl.-Ing. (FH) Dieter Müller, Landesamt für Denkmalpflege. Die Reinzeichnung des Planes wird Frau Evi Weller verdankt, die abschließende graphische Bearbeitung dem geoGraphischen Büro Günter Müller, Waldbronn.

Abb. 50 Remser Holz, Blick nach Süden über den Wegedurchbruch. Links und rechts sind jeweils die Wallenden zu erkennen (Aufnahme 2005).

Abb. 51 Remser Holz, Blick nach Westen über Wall und Graben westlich des Wegedurchbruchs (Aufnahme 2005).

die auf ehemalige Bauten oder Ähnliches schließen lassen könnten, sind nicht auszumachen. Anzeichen für eine randliche Befestigung finden sich nicht. Dennoch wären etwa hier angebrachte Verhacke, eine Palisadenreihe oder ein Holzzaun nicht mit letzter Sicherheit auszuschließen.

Wall und Graben ziehen auf knapp 70 m Länge vom Westhang nach Osten in geradem Lauf über den Bergrücken, biegen dann jedoch nahezu rechtwinklig scharf nach Süden hin ein, um mit einem gut 20 m langen Teilstück an eine hier ebenfalls nach Osten hin scharf umknickende Bachschlucht anzuschließen. Sie weisen eine Gesamtbreite von 11 bis 12 m auf – etwa 6,5 m entfallen auf den Wall. Die um 0,75 bis gut 1 m hohe Wallinnenböschung ist bei flauem Fuß etwas flacher als die meist um 1 m hohe Böschung zum Graben hin. Die entsprechend dem nicht allzu stabilen Aufschüttungsmaterial etwas verlaufen wirkende, rundliche Wallkrone ist meist um gut 1 m breit, die Grabensohle zwischen 1,2 und 1,7 m (Abb. 49). Bis auf den Weg sind keine größeren Störungen vorhanden. Wall und Graben wirken recht gleichmäßig und scheinen in einem Zug errichtet worden zu sein. Die auffallend scharf abgewinkelte Wallführung macht vor allem Sinn, wenn damit eine möglichst große Innenfläche erreicht werden sollte. Ansonsten hätte die Befestigung um etwa 30 m nach innen (Süden) versetzt auch in geradem Lauf von Hangkante zu Hangkante ziehen können, was die Innenfläche jedoch um mehr als ein Drittel reduziert hätte.

Der heutige Wegedurchbruch durchfährt Wall und Graben nahezu eben, zuletzt nochmals um 1990 – nach Abschluss der topographischen Aufnahme – ausgebaut und teils aufgeschottert (Abb. 50). Im Graben ist der etwa 0,4 m hohe Wegedamm um 5 m breit, der Walldurchbruch annähernd 7 m. Ist der Wall gegen Westen hin mit einer modernen Böschung klar abgeschnitten, zeigt der östliche Abschnitt den Ansatz eines Wallkopfes, den eine ältere längliche Abgrabung angeschnitten hat. Ob hier ein alter (antiker) Zugang vorliegt ist aber nicht sicher zu entscheiden. Möglicherweise wurde die moderne oder nachantike Zufahrt auch mehrfach ausgebaut und jeweils geringfügig verlegt, was die übergroße Breite des Durchbruches erklären könnte. Ob ein 1872 schon vorhandener Stichweg zur Anlage Wall und Graben auch an dieser Stelle durchbrach, lässt sich nur vermuten, aber nicht mehr mit Sicherheit klären.[145]

Am Westhang könnte ebenfalls ein alter Zugang gele-

145 Gemarkungsatlas Sahlenbach, aufgenommen 1870–72. Herrn Diesch, Landratsamt Sigmaringen, Fachbereich Vermessung in Bad Saulgau, sei für die Möglichkeit zur Einsichtnahme älterer Kartenwerke gedankt.

gen haben. Der Wall wie auch der leicht einziehende Graben enden hier schon wenig vor der Hangkante und lassen einen schmalen Durchlass frei. Ob eine flache Mulde unmittelbar unterhalb davon künstlich angelegt worden ist, lässt sich nicht entscheiden. Im 45 m langen Abschnitt zwischen Weg und Westhang zeigen Wall und Graben ansonsten vergleichsweise klare Konturen. Der rinnenförmige Graben weist bei rundlicher Sohle eine abgerundete Außenböschung auf, der aus lehmig-kiesigem Aushub errichtete Wall erreicht gegen den Graben eine Höhe von maximal knapp 1 m. Die teils recht breite Wallkrone zeigt drei kleinere Dellen, die vom Stammholzschleifen oder von flachen Abgrabungen herrühren dürften (Abb. 51).
Im flachen Teilstück östlich des Weges scheint der Graben durch eingeschwemmte Erde – vermutlich infolge der Erdbewegungen beim Bau des Weges – in jüngster Zeit zusätzlich aufsedimentiert worden zu sein. Die Sohle ist jedenfalls auffallend breit und eben, setzt scharfkantig an beide Böschungen an und weist wenig gefestigten, staunassen Boden auf (Abb. 52). Nach dem scharfen Einknicken wird die Grabensohle talwärts – wie schon am westlichen Teilstück – wieder rundlich, weiter unterhalb ist sie durch eine kurze Erosionsrinne etwas abgetieft. Im Knick selber ist die Grabenaußenkante wohl durch Windwurf geringfügig gestört und nach außen verschoben.
Der Wall erreicht im östlichen Teilstück am Weg seine größte Höhe. Nach dem Einknicken sind im flacher werdenden Wall in der breiten Krone talwärts deutliche Abstufungen vorhanden, das auslaufende Wallende ist im steiler werden Hang durch eine rezente Abgrabung gestört. Auffallender Weise ist der Wall im Zwickel selber, wo ja der meiste Grabenaushub anfällt, etwas niedriger.

Archäologische Untersuchungen

An der Wallanlage im Remser Holz haben bislang keine archäologischen Untersuchungen stattgefunden. Weder der Wallanschnitt am Waldweg noch das heutige äußere Erscheinungsbild lassen sichere Aussagen zu Aufbau und antiker baulicher Gestalt zu, wenngleich ein mit Holzaufbauten verstärkter Stein-Erde-Wall wahrscheinlich ist.

Archäologische Funde

Funde, die einen Hinweis auf Alter und Funktion der Wallanlage im Remser Holz geben könnten, sind bislang nicht bekannt geworden.

Abb. 52 Remser Holz, Blick nach Südosten über Wall und Graben östlich des Wegedurchbruchs im Zustand des Jahres 1984.

Zusammenfassende Überlegungen

Die vier Wallanlagen im Donautal zeigen gewisse Gemeinsamkeiten. Drei davon liegen östlich von Beuron mit jeweils etwa 800 m Luftlinie Entfernung auffällig nahe beieinander – in Sicht- und beinahe auch noch in Rufweite. Altstadtfels und Bandfels springen dabei jeweils als markante, gut zu sichernde Felsklötze hoch in das Tal hinein und sind am Ansatz zur Hochfläche jeweils mit einem Wallgraben befestigt. Dazwischen liegt das Käpfle rund 100 Höhenmeter tiefer im Tal selber. Wie auch das Tiergärtle nahe Dietfurt ist es als felsige Kuppe ausgebildet, geschaffen durch eine alte Schlinge der Donau, und mit Wall und Graben am flacheren Hang gesichert. Diese Gruppierung setzt sich auch an den Funden fort: Tiergärtle und Käpfle weisen beide Keramikscherben in gewisser Anzahl auf, die eine Besiedlung oder doch zumindest eine mehr als nur ganz kurzfristige Nutzung der Anlagen nahe legen, während Altstadtfels und Bandfels bislang in dieser Hinsicht kaum Verwertbares erbracht haben. Dieser Gegensatz ist wohl weder durch Auffindungsbedingungen noch forschungsgeschichtlich zu begründen; nahe liegender sind unterschiedliche Nutzungen, die sich hierin widerspiegeln.

Wall und Graben auf dem Bandfels wirken vorgeschichtlich. Zu bemerken bleibt, dass jüngst beim Aufsuchen einer kleinen Höhle am Westhang des Bandfelsens, etwa 1 km nördlich der Befestigung, drei Wandscherben von Gefäßen mit Doppelstichreihen (Furchenstich mit doppelzinkigem Gerät) zu Tage kamen, die in das frühe Mittelneolithikum, wohl die Großgartacher Gruppe, gehören.[146] Die Silextrümmer vom Bandfels selber dürften zwar jungsteinzeitlich sein, lassen sich jedoch nicht näher datieren; ein Zusammenhang ist somit nicht konstruierbar. Weitere Funde des Mittelneolithikums, hier allerdings wohl der späten Rössener Kultur, kommen von der gegenüberliegenden Talseite aus einer Altgrabung in einer Höhle am Eichfelsen oder am Rauhen Stein.[147] Ebenso stammen Funde dieser Zeit offenbar aus Höhlen oder Felsdächern in der Umgebung Inzigkofens.[148] Möglicherweise wurden auch Eremitage, Amalienfels und andere exponierte Höhen in dieser Zeit schon aufgesucht, während am Fridinger Lehenbühl die Belegung offenbar erst im fortgeschrittenen Jungneolithikum (um 4000 v. Chr.) beginnt.[149]

Auch ein Zusammenhang der Befestigung mit dem Depotfund eines römerzeitlichen Kessels in einer kleinen Höhle im Bandfels ist nicht anzunehmen.[150] Am Rande bemerkenswert ist die Dichte aufgelassener Burgen um den nahe gelegenen Wildenstein – neben einer in der frühmittelalterlichen Ortsgründung Leibertingen[151] befindlichen Burgstelle. Allein fünf weitere Burgstellen – teils in abenteuerlich exponierter Lage – konnten bislang gesichert werden, die offenbar alle im 12. Jahrhundert errichtet worden sind.[152] Es sind dies Alt- und Unterwildenstein, die Doppelburg Hexenturm sowie die Burg auf dem Hahnenkamm. Die Anlage einer mittelalterlichen Burg kann für den Bandfels selber jedoch weitgehend ausgeschlossen werden.

Für das Käpfle erwog zuletzt Günter Wieland, im Zuge der Bearbeitung entsprechender Funde und Befunde vom Hägelesberg bei Urspring, die Deutung als Kultplatz im Sinne eines Felsen- oder Höhenheiligtums, wie es etwa am Heidentor bei Egesheim sicher nachgewiesen, bei anderen Plätzen wie etwa dem Hägelesberg nahe Urspring, dem Scheuerlesfels oder dem Rockenbusch bei Buchheim nur zu vermuten ist.[153] Insgesamt ist das Phänomen dieser Plätze mit den Stichworten Höhensiedlungen und Kultplätze aber sicher noch nicht hinreichend umschrieben. Erst wenn sich das tatsächliche Ausmaß des Aufsuchens solcher Plätze einmal ungefähr erfassen ließe – was schon aus Erhaltungsgründen kaum mehr im geforderten Maße möglich sein wird – kann über Motive und Zeiten fundiert nachgedacht werden. Unter dem Stichwort „Naturheilige Plätze“ sicher zu nennen ist auch die Eremitage, ein

146 Die Funde barg Achim Lehmkuhl 1999, dem auch für die Mitteilung gedankt sei.

147 Zu den Funden vgl. Biel, Schwäbische Alb 56 Abb. 3,1–3.

148 Biel, Schwäbische Alb.

149 W. Kimmig, Fridingen an der Donau. Bemerkungen zu einer Höhensiedlung mit Funden der Horgen-Sipplinger Kultur. Fundber. Baden-Württemberg 1, 1974, 82 ff. – Biel, Höhensiedlungen 113 ff. 238.

150 H. Jantschke/G. Wieland, Fundber. Baden-Württemberg 26, 2002, 130 f.

151 Fundber. Baden-Württemberg 22/2, 1998, 207 f.

152 Bizer/Götz, Vergessene Burgen 113 ff. – Schmitt, Burgen Donautal 181 ff.

153 Müller/Wieland (Anm. 75); Wieland (Anm. 24) 400. – Zum Thema S. Bauer/H. P. Kuhnen, Frühkeltische Opferfunde von der Oberburg bei Egesheim, Lkr. Tuttlingen. In: A. Lang/H. Parzinger/H. Küster (Hrsg.), Kulturen zwischen Ost und West. Festschr. Georg Kossack zum 70ten Geburtstag (Berlin 1993) 239 ff. – R.-M. Weiss, Prähistorische Brandopferplätze in Bayern. Int. Arch. 35 (Espelkamp 1997).

freistehender, felsiger Kegelberg im Donautal bei Inzigkofen, von der inzwischen neben jungstein- und urnenfelderzeitlichen auch hallstatt- und frühlatènezeitliche Funde bekannt geworden sind.[154] An Parallelen sind vielleicht die Bruchhauser Steine bei Olsberg-Bruchhausen im westfälischen Sauerland zu nennen. Hier sind am Rande eines Bergzuges vier frei herausragende Felstürme durch Wälle und Gräben gesichert. Zahlreiche Lesefunde weisen auf eine intensive Nutzung dieses Areals in der späten Hallstatt- und frühen Latènezeit, allerdings bislang ohne sichere Belege für eine kultische Nutzung.[155] Ein möglicherweise auf Felstürme ausgerichteter Kultplatz scheint auch auf dem Osterstein bei Unterfinningen in Schwaben (Lkr. Dillingen) vorzuliegen, wo die Mehrzahl der geborgenen Keramik in die Hallstattzeit gehört, im Gelände offenbar auch Steinsetzungen unbekannter Funktion vorhanden sind. Zahlreiche Grabhügel aus der näheren Umgebung könnten hierzu in engerer Beziehung gestanden haben.[156] Ob auch ein kleiner Felsrücken hoch über dem Tal der Ostrach bei Ostrach-Laubbach (Lkr. Sigmaringen), der Keramik der Bronzezeit erbracht hat, unter diese Kategorie fällt, wäre noch zu überprüfen.[157] Offenbar muss mit einer gewissen Tradition in der Kultausübung in Höhlen und Felstürmen oder exponierten, felsigen Höhen zumindest von der jüngeren Urnenfelderzeit bis in die frühe oder mittlere Latènezeit hinein gerechnet werden, was sich etwa auch auf der Fränkischen Alb abzeichnet.[158]

Für einen so genannten Brandopferplatz gibt es weder auf dem Käpfle noch bei den anderen Anlagen einen sicheren Hinweis. Diese von der frühen Bronzezeit bis weit in die römische Zeit hinein bevorzugt auf erhöhten Plätzen mit weiter Aussicht angelegten und entweder sporadisch oder über Generationen hinweg wiederholt genutzten Stellen zeichnen sich vor allem durch verbrannte Tierknochen im größerer Menge aus, die mit Scherben verbrannter Keramikgefäße versetzt sein können.[159] Wiederholt wurde auf die Schwierigkeiten bei der archäologischen Identifizierung solcher Plätze hingewiesen, sodass die bislang in Südwestdeutschland angeführten „Heiligtümer" einer strengen Überprüfung in der Regel nicht standhalten.[160] Allerdings gibt es doch zahlreiche Einzelbeobachtungen, die zumindest kultische Praktiken bei der Entstehung des Fundbildes nahe legen, so etwa die Scherbenansammlungen auf dem Schlösslesfels bei Dellingen am Ostrand des Schwarzwaldes (Schwarzwald-Baar-Kreis)[161] oder das Scherbenpflaster unterhalb einer undatierten Wallanlage bei Bad Dürrheim-Unterbaldingen auf den Geisinger Bergen.[162]

Erwähnt seien auch noch andere Wallanlagen, deren festgestellte Eigenheiten Zweifel an einer primär zur Befriedigung eines Schutzbedürfnisses veranlassten Gemeinschaftsarbeit aufkommen lassen. Nähere Beobachtungen hierzu, etwa auf vier Anlagen auf den Geisinger Bergen der nahe gelegenen Baar-Alb, stellen deren Wehrcharakter bisweilen nachhaltig in Frage, sodass der Gedanke an umfriedete und ausgegrenzte Bezirke aufkommt, die zu unbekannter Zeit den Menschen als Stätten der Versammlung und vielleicht auch Kultausübung dienten.[163]

Der Überlieferung zufolge soll auf dem Altstadtfels – wie der Name schon besagt – einst eine abgegangene Siedlung gestanden haben. 1791 wird die Sage angeführt, es habe sich dabei um die versunkene Stadt „Pragodurum" gehandelt. Der Geländebefund wie auch die historische Überlieferung sprechen jedoch gegen diese Mutmaßung. Nahe beim Altstadtfels liegt das Kloster Beuron mit dem Klosterweiler. Es soll der Gründungslegende zufolge schon im Jahr 777 n. Chr. von Graf Gerold von Bussen gestiftet und ursprünglich auf der Höhe gegen Fridingen, nahe beim heutigen Solda-

154 Zuletzt H. Reim, Spätbronzezeitliche Opferfunde und frühmittelalterliche Gräber – zur Archäologie eines naturheiligen Platzes über der Donau bei Inzigkofen, Kreis Sigmaringen. Arch. Ausgr. Baden-Württemberg 2005, 61 ff.

155 D. Bérenger, Ältereisenzeitliche Burgen in Westfalen? In: A. Jockenhövel (Hrsg.), Ältereisenzeitliches Befestigungswesen zwischen Maas, Mosel und Elbe. Veröff. Altertumskommiss. Westfalen 11 (Münster 1999) 99 ff. 103 f.

156 H. J. Seitz/R. Schottdorf, Der Osterstein bei Unterfinningen (Ldkr. Dillingen), eine vorgeschichtliche Kultstätte. Bayer. Vorgeschbl. 21, 1956, 75 ff.

157 Krumland (Anm. 5) 204 Taf. 122 B; 123.

158 P. Schauer, Urnenfelderzeitliche Opferplätze in Höhlen und Felsspalten. Studien zur Bronzezeit. Festschr. W. A. v. Brunn (Mainz 1981) 413 ff. – R. A. Maier, Schachthöhlen und Felstürme als urgeschichtliche Opferplätze. In: Führer Arch. Denkmäler Deutschland 5 (Stuttgart 1984) 204 ff. – H.-P. Unze, Ein keltisches Jahrtausend? Kontinuität und Diskontinuität. In: H. Dannheimer/R. Gebhard (Hrsg.), Das keltische Jahrtausend. Katalog Prähist. Staatsslg. 23 (Mainz 1993) 13.

159 W. Zanier, Der spätlatènezeitliche und römerzeitliche Brandopferplatz im Forggensee (Gde. Schwangau). Münchner Beiträge Vor- und Frühgesch. 52 (München 1999). – Vgl. zum Überblick die einzelnen Beiträge in L. Zemmer-Plank (Hrsg.), Kult der Vorzeit in den Alpen. Opfergaben – Opferplätze – Opferbrauchtum/Culti nella Preistoria delle Alpi. Le offerte i santuari i riti (Bozen 2002).

160 Weiss (Anm. 153) 109 ff. 161 ff.

161 K. Spindler, Der hallstattzeitliche Scherbenfund von Dellingen, Gem. Bräunlingen-Waldhausen, im Schwarzwald. In: A. Lippert/K. Spindler (Hrsg.), Festschrift zum 50jährigen Bestehen des Institutes für Ur- und Frühgeschichte der Leopold-Franzens-Universität Innsbruck (Bonn 1992) 543 ff.

162 J. Klug-Treppe, Ein hallstattzeitlicher Keramikfundplatz bei Unterbaldingen, Gde. Bad Dürrheim, Schwarzwald-Baar-Kreis. Arch. Ausgr. Baden-Württemberg 2001, 64 ff.

163 C. Morrissey/D. Müller, Die Wallanlagen auf den Geisinger Bergen bei Geisingen (Landkreis Tuttlingen) und Bad Dürrheim-Unterbaldingen (Schwarzwald-Baar-Kreis). Atlas Arch. Geländedenkmäler Baden-Württemberg 2. Vor- u. Frühgesch. Befestigungen 7 (Stuttgart 1999).

tenfriedhof, erbaut worden sein.[164] Im Gelände finden sich dort allerdings keine Spuren, auch der Altstadtfels kommt als Standort eines Vorgängerklosters nicht in Frage. Eine angebliche Immunitätsurkunde Kaiser Karls d. Gr. des Jahres 786, die als Beleg für eine frühe Klostergründung zitiert worden war, erwies sich zudem als neuzeitliche Fälschung,[165] und eine Nennung des Ortes „Purron" im Jahre 861 kann sich auch auf einen anderen Ort ähnlichen Namens beziehen.[166] Sicheren Boden betritt man erst mit der Urkunde aus dem Jahre 1097, in der Papst Urban die Ausstattung des 1077 am heutigen Platz durch einen Grafen Peregrin von Hoßkirch gegründeten Klosters bestätigt.[167]

Für die Hünaburg bei Bittelschieß haben sich Hinweise auf eine hochmittelalterliche Errichtung ergeben, am ehesten im Sinne einer frühen Adelsburg. Formale Ähnlichkeiten gibt es etwa zur Frankenschanze bei Leingarten-Großgartach am Heuchelberg (Lkr. Heilbronn), die nun über entsprechende Funde als befestigter Sitz einer hochstehenden Familie der Zeit um 1000 n. Chr. erwiesen werden konnte.[168] Für die Hünaburg fehlen jedoch Belege einer längeren Nutzung, sodass hier auch an eine Wehranlage (Fliehburg) oder eine nicht fertig gestellte Anlage zu denken ist. Bemerkenswert ist allemal die Dichte weiterer Burgställe im Umfeld der Hünaburg, die wohl erst in Folge errichtet worden sind. So dürfte die Burg der Ortsherren von Bittelschieß, erstmals 1083 genannt, in der Flur Burgstall/Schloss – Burstel oder Burgstall genannt – gelegen haben, an der Spitze eines nicht allzu steilen Vorsprungs, etwa 1,2 km nordöstlich des Ortes, direkt über der ehemaligen Mühle. Sie ist in ältere topographische Karten noch eingetragen, durch Kiesabbau ab etwa 1965 zwischenzeitlich jedoch vollständig abgetragen. An älteren Funden werden in der Ortsliteratur lediglich einige „becherförmige Ofenkacheln, die in das 13. Jahrhundert gehören" erwähnt, deren Verbleib freilich unbekannt ist.[169] Eine weitere Burgstelle lag nur etwa 400 m nördlich, ebenfalls an der westlichen Hangkante zum Andelsbachtal. Auch sie ist auf älteren Karten noch eingetragen („Ringwall"), inzwischen jedoch durch Kiesabbau unbeobachtet zerstört.[170] Welche Rolle die dritte Burgstelle, der Schlossbühl („Ringwall") auf der dem Schloss/Burstel gegenüberliegenden, östlichen Talseite des Andelsbaches (Gemarkung Krauchenwies), nahe dem Antonsbrunnen, in der Ortsgeschichte gespielt hat, ist nicht bekannt. 1468 ist der Platz offenbar als „Burgstall am Sam" überliefert.[171] Die Geländespuren – eine umlaufende Abböschung des flachen Sporns und eine abgetrennte Spitze, gesichert durch einen querlaufenden Wallgraben – deuten ebenfalls auf eine kleine mittelalterliche Adelsburg hin, obgleich heimatkundliche Beiträge hierin eher eine Fliehburg aus frühgeschichtlicher Zeit erkennen wollen.[172] Mehrfach wurde auch schon auf die gleichnamige Burg Bittelschieß im Lauchertal nahe Bingen (Bittelschießer Täle) verwiesen, die offenbar nach einem Ortswechsel der Herren von Bittelschieß dort im späten 12. Jahrhundert erbaut worden ist.[173]

Nichts Sicheres ist über die unscheinbare und erst jüngst aktenkundig gewordene Wallanlage im Remser Holz bei Aach-Linz auszusagen. Aufgrund des relativ guten Zustandes wie auch des abgewinkelten Wallverlaufes am Osthang liegt zwar eine mittelalterliche Datierung nahe, belegen lässt sich dies jedoch nicht. Es entsteht hier vorerst der Eindruck, eine in versteckter Lage errichtete Fliehburg vor sich zu haben, die in jüngerer Zeit den umliegenden Siedlungen bei Gefahr als Rückzugspunkt gedient haben könnte.[174]

---

164 Zwei gefälschte Urkunden des 16. Jahrhunderts haben dies scheinbar bestätigt. Schlude 1858 präzisiert die Überlieferung, indem er davon spricht, das Kloster habe ehemals „eine halbe Stunde entfernt, auf der Höhe des Berges gegen Fridingen" gestanden. Röder führt zudem die Gründungslegende an, „westwärts auf dem Gebirg, jenseits der Donau" habe der frühere, im Jahre 861 erstmals „Purron" genannte Ort Beuron gestanden, der erst mit der Klostergründung im späten 11. Jahrhundert durch Herzog Peregrin an den heutigen Platz verlegt worden sei. Vgl. jetzt dazu L. Stierle, Das ehemalige Kloster Pussen-Beuron, später Alt-Beuron genannt. Zeitschr. Hohenzoll. Gesch. 40, 2004, 1 ff., der die frühe Klostergründung durchaus nachvollziehbar zu belegen versucht.

165 W. Schöntag, Zeitschr. Hohenzoll. Gesch. 28, 1992, 25 ff. 53.

166 LBW VII 869.

167 Ausführlich zur Gründung Ochs (Anm. 66) 14 f.

168 C. Morrissey/D. Müller, Die Befestigungen im Landkreis Heilbronn: Das „Burgmal" bei Heilbronn, der Michaelsberg bei Gundelsheim, die „Frankenschanze" bei Leingarten, die „Harchenburg" bei Leingarten-Schluchtern und das „Hörnle" bei Brackenheim-Dürrenzimmern. Atlas archäologischer Geländedenkmäler in Baden Württemberg 2: Vor- und frühgesch. Befestigungen 17 (Stuttgart 2006) 37 ff .

169 Zingeler/Laur, Bau- und Kunstdenkmäler 201 f. – Genzmer, Kunstdenkmäler 93: „Reste der früh abgegangenen Burg". – J. Mühlebach, Bittelschieß – Aus der Geschichte des Dorfes. Hohenzoll. Heimat 23, 1973, 22 ff. Nach Mühlebach wird die Burgstelle schon in der Zimmerschen Chronik aus der Mitte des 16. Jahrhunderts als „schlössle under dem dorf herab ob der mülle" genannt. – LBW VII 876. – Zu den Herren von Bittelschieß O. Alberti, Württembergisches Adels- und Wappenbuch I (Stuttgart 1889) 64 f.

170 Nach Kraus, Burgställe 2 f. soll sie vor 1969 „im Walde nur noch schwach zu erkennen" gewesen sein.

171 Kraus, Burgställe 7. – Eingehender (mit Planskizze) erstmals beschrieben bei Cohausen, Erinnerungen 93 f.

172 Cohausen, Erinnerungen. – Hohenzoll. Heimat 8, 1958, 1 f. – Mühlebach (Anm. 169) 24.

173 Schmitt, Burgen Donautal 17 ff. – Kraus, Burgställe 2 f.

174 Zur Problematik der Ansprache solcher Fliehburgen vgl. C. Morrissey/D. Müller, Die Rinkenmauer bei Baiersbronn. Mit einem Exkurs zum Kapellenbuckel am Wildsee (Landkreis Freudenstadt). Atlas archäologischer Geländedenkmäler in Baden-Württemberg 2: Vor und frühgeschichtliche Befestigungen 19 (Stuttgart 2006).

Verzeichnis der abgekürzt zitierten Literatur

Biel, Schwäbische Alb: J. Biel, Zur neolithischen Besiedlung der Schwäbischen Alb. Fundber. Baden-Württemberg 1, 1974, 53ff.

BIEL, Höhensiedlungen: J. Biel, Vorgeschichtliche Höhensiedlungen in Südwürttemberg-Hohenzollern. Forsch. u. Ber. Vor- u. Frühgesch. Baden-Württemberg 24 (Stuttgart 1987).

BIZER/GÖTZ, Vergessene Burgen: C. Bizer/R. Götz, Vergessene Burgen der Schwäbischen Alb (Stuttgart 1989).

COHAUSEN, Erinnerungen: A. v. Cohausen, Erinnerungen an Hohenzollern im Juni 1881. Corrbl. Gesamtver. Dt. Gesch.- u. Altertumsforscher 11, 1881, 93ff.

GENZMER, Kunstdenkmäler: W. Genzmer (Hrsg.), Die Kunstdenkmäler Hohenzollerns 2, Kreis Sigmaringen (Stuttgart 1948)

JERG, Vor- und Frühgeschichte: J. Jerg, Aus der Vor- und Frühgeschichte. Hohenzoll. Heimat 23, 1973, 27ff.

HEINE, Wehranlagen: H.-W. Heine, Studien zu Wehranlagen zwischen junger Donau und westlichem Bodensee. Forsch. u. Ber. Arch. Mittelalter Baden-Württemberg 5 (Stuttgart 1978).

KRAUS, Burgställe: J. A. Kraus, Burgställe und Schlösser in und um Hohenzollern. Hohenzoll. Heimat 19, 1969 (Beilage) 1–12.

LBW VII: Das Land Baden-Württemberg. Amtliche Beschreibung nach Kreisen und Gemeinden Band VII: Regierungsbezirk Tübingen. Hrsg. Landesarchivdirektion Baden-Württemberg (Stuttgart 1978).

REIM, Besiedlung: H. Reim, Die vor- und frühgeschichtliche Besiedlung. In: W. Rössler (Bearb.), Naturpark Obere Donau. Natur – Heimat – Wandern. Hrsg. Schwäbischen Albverein[3] (Stuttgart 1994) 55ff.

SCHMITT, Burgen Donautal: G. Schmitt, Burgenführer Schwäbische Alb 3: Donautal (Biberach 1990).

STEHLE, Hohenzollern: B. Stehle (Hrsg.), Hohenzollern, ein Heimatbuch (Sigmaringen 1925).

WAGNER, Fundstätten: E. Wagner, Fundstätten und Funde aus vorgeschichtlicher, römischer und alamannisch-fränkischer Zeit im Großherzogtum Baden. Teil 1: Das badische Oberland (Tübingen 1908).

ZINGELER, Forschung: Th. Zingeler, Die vor- und frühgeschichtliche Forschung in Hohenzollern. Mitt. Ver. Gesch. u. Alterthumskde. in Hohenzollern 27, 1893/94, 17ff.

ZINGELER/LAUR, Bau- und Kunstdenkmäler: K. T. Zingeler/F. Laur, Die Bau- und Kunst-Denkmäler in den Hohenzoller'schen Landen (Stuttgart 1896).

Zum Umschlagbild

Blick nach Osten auf das Donautal zwischen Beuron (unten) und Hausen. Luftbildaufnahme O. Braasch vom 25.02.1986. © Landesamt für Denkmalpflege, Luftbildarchiv D-115/7.

Abbildungsnachweis

Abb. 1; 10; 20; 28; 29; 38: Landesamt für Denkmalpflege, Luftbildarchiv D-115/7; D-115/17; D-2287/14; D-729/30; D-2386/10; D-692/9.

Abb. 2; 24: Landesvermessungsamt Baden-Württemberg (http://www.lv-bw.de) vom 29.11.2001, Az.: 2851.3-A/218.

Abb. 4; 12; 31: Heine, Wehranlagen Abb. 10; 19; 20.

Abb. 3; 5–9; 11; 13–19; 21; 25–27; 30; 32–36; 39; 41–52: Landesamt für Denkmalpflege.

Abb. 40: Cohausen, Erinnerungen Taf. 1.

Beil. 1–6: Grundlage Ausschnitte aus der Topographischen Karte 1:25000, Bl. 7919, 7920, 8021 und 8121. © Landesvermessungsamt Baden-Württeberg (http://www.lv-bw.de), Az.: 2851.3-A218. Thematisch ergänzt durch das Landesamt für Denkmalpflege Esslingen a. N.

VERÖFFENTLICHUNGEN DES LANDESAMTES FÜR DENKMALPFLEGE BADEN-WÜRTTEMBERG
Archäologische Denkmalpflege

ATLAS ARCHÄOLOGISCHER GELÄNDEDENKMÄLER IN BADEN-WÜRTTEMBERG
Kommissionsverlag Konrad Theiss Verlag Stuttgart

Band 1 Kurt Bittel, Siegwalt Schiek, Dieter Müller, Die keltischen Viereckschanzen (1990).

Band 2 Vor- und frühgeschichtliche Befestigungen

Claus Oeftiger, Dieter Müller
Heft 1 Der Rosenstein bei Heubach (Ostalbkreis) (1995).
Heft 2 Der Zargenbuckel bei Schöntal-Aschhausen (Hohenlohekreis) (1993).
Heft 3 Am Rauhen Stichle bei Münsingen-Hundersingen (Landkreis Reutlingen) (1993).
Heft 4 Die Altstadt bei Gottmadingen (Landkreis Konstanz) (1993).

Rolf-Heiner Behrends, Dieter Müller
Heft 5 Die Befestigungen auf dem Heiligenberg bei Heidelberg (2002).

Christoph Morrissey, Claus Oeftiger, Dieter Müller
Christoph Morrissey, Claus Oeftiger, Dieter Müller
Heft 6 Die Wallanlagen bei Münsingen-Trailfingen und Bad Urach-Hengen (Landkreis Reutlingen) (2002).
Heft 7 Die Wallanlagen auf den Geisinger Bergen bei Geisingen und Bad Dürrheim-Unterbaldingen (1999).
Heft 8 Die Wallanlagen bei Kirchen-Hausen und Leipferdingen (1999).
Heft 9 Die Wallanlagen bei Ippingen und Zimmern (1999).
Heft 10 Die Wallanlagen bei Wurmlingen, Tuttlingen-Möhringen und Tuttlingen-Eßlingen/Seitingen-Oberflacht (1999).
Heft 11 Der Lemberg bei Gosheim und der Hochberg bei Deilingen-Delkhofen (Landkreis Tuttlingen) (2002).
Heft 12 Die Wallanlagen im Landkreis Tübingen (2002).

Dieter Müller, Günther Wieland
Heft 13 Der Hägelesberg bei Urspring, Gemeinde Lonsee, und die Wallanlagen bei Breitingen und Holzkirch (Alb-Donau-Kreis) (2004).

Christoph Morrissey, Dieter Müller
Heft 14 Wallanlagen im Landkreis Rottweil (2004).
Heft 15 Die Wallanlagen bei Dürbheim (Burghalde), Kolbingen (Burghalde) und Tuttlingen (Altenburg), Lkr. Tuttlingen. Mit einem Beitrag von Bertram Jenisch (2004).
Heft 17 Wallanlagen im Stadt- und Landkreis Heilbronn (2006)
Heft 18 Die Wallanlagen um Burladingen (Zollernalbkreis) (2007).
Heft 19 Die Rinkenmauer bei Baiersbronn. Mit einem Exkurs zum Kapellenbuckel am Wildsee (Landkreis Freudenstadt) (2006).
Heft 22 Wallanlagen im Landkreis Sigmaringen (2007).

Band 3 Römerzeitliche Geländedenkmäler

Heft 1 Martin Luik, Dieter Müller, Die römischen Gutshöfe von Gemmrigheim und Kirchheim am Neckar, Landkreis Ludwigsburg (1995).
Heft 2 Martin Luik, Dieter Müller, Die römischen Gutshöfe von Esslingen-Berkheim und Wolfschlugen (Landkreis Esslingen) (1999).

Zeichenerklärung

Archäologische Böschungen
– gleichmäßig geneigt
– nach unten flacher werdend
– ins Hanggefälle übergehend
– durch Grabungsbefunde gesichert
– ergänzt
– fraglich, vermutet

im Luftbild oder durch geophysikalische Prospektion gesicherter Grabenverlauf

archäologische Geländekanten
– konvex
– konkav

Grabhügel
– gesichert
– fraglich

archäologische Fundstelle

verfallener Grabungsschnitt

künstliche Böschung aus neuerer Zeit

natürliche Böschung

Mulde (z.B. Doline)

natürliche / künstliche Geländekanten
– konvex
– konkav

Straße oder Weg (befestigt)

Straße oder Weg (unbefestigt)

Pfad

Altweg

Wölbäcker

Waldgrenze
Waldart (Laub- bzw. Nadelwald)

Grünland

Steinriegel

Steingrube

Fels

Mauer, frei stehend

Mauerfront

Trockenmauer

Zaun

Feldkreuz

P — Parkplatz

Wbh. — Wasserbehälter

Wassergraben
– in Funktion
– verfallen
– mit ausgeprägtem Profil

Steg

Rohrdurchlaß

Wasserlauf, ständig fließend

Wasserlauf, unständig fließend

Qu. — Quelle

Feuchtstelle

Trigonometrischer Punkt

Grenzstein

Landesgrenze

Kreis- bzw. Gemeindegrenze

Gemarkungs- bzw. Flurgrenze

5370,9 / 3535,5 — Koordinatenwerte im Gauß - Krüger - System

A – B: Lage eines Geländeschnittes

Siehe auch: R. Glutz, K. Grewe, D. Müller, Zeichenrichtlinien für topographische Pläne der archäologischen Denkmalpflege, Köln 1984